Unterwegs in

den Ardennen und den angrenzenden Landschaften

Christoph Wendt

Unterwegs in

DEN ARDENNEN

UND DEN ANGRENZENDEN LANDSCHAFTEN

Streifzüge durch die Wallonie und Abstecher
nach Frankreich und ins Großherzogtum Luxemburg

GEV

www.gev.be
E-mail: buchverlag@grenzecho.be

1. Auflage Juli 2003

Gestaltung: Cito Communication GmbH, Bilstain
Druck: Druckerei Grenz-Echo, Eupen
www.grenzecho.be

ISBN 90-5433-170-4
D/2003/3071/1

Printed in Belgium

INHALT

Au Sanglier des Ardennes
A. Champion-Maboge

ROESELARE
Izegem
KORTRIJK
Ieper
Wevelgem
Menen
Wervik
Halluin
Mouscron
TOURCOING
ROUBAIX
Wattrelos
Armentières
LILLE
Lomme
Villeneuve-d'Ascq
Haubourdin
Ronchin
Lesquin
Seclin
Tournai
Waregem
Oudenaarde
Ronse
Vlaamse Ardennen
Geraardsbergen
Ninove
Aalst
Merelbeke
Zottegem
Asse
BRUXELLES
BRUSSEL
ANDERLECHT
JETTE
EVERE
Vilvoorde
Zaventem
Kraainem
Drogenbos
Linkebeek
St-Genesius-Rode
Halle
Waterloo
Braine-l'Alleud
Rixensart
Nivelles
Tubize
Enghien
Soignies
Ath
Lessines
Leuze-en-Hainaut
Péruwelz
Beloeil
MONS
la Louvière
Binche
CHARLEROI
Courcelles
Fontaine-l'Évêque
Montigny-le-Tilleul
Thuin
Quaregnon
Colfontaine
Frameries
Boussu
Condé-s.-l'Escaut
St.Amand-les-Eaux
VALENCIENNES
Anzin
Bruay-s.-l'Escaut
Denain
Douchy-les-Mines
Somain
Aniche
DOUAI
Waziers
Orchies
Carvin
Oignies
Hénin-Beaumont
ARRAS
Cambrai
le Quesnoy
Maubeuge
Jeumont
Hautmont
Aulnoye-Aymeries
Avesnes-sur-Helpe
le Cateau-Cambrésis
Caudry
Bohain-en-Vermandois
Guise
Hirson
Fournies
Chimay
Fagne
BELGIQUE
FRANCE
Vermandois
Thiérache
Laonnais
ST QUENTIN
Péronne
Ham
Tergnier
Chauny
Noyon
la Fère
Laon
Vervins
Rethel

LEUVEN
Tienen
Sint-Truiden
Tongeren
Bilzen
Lanaken
MAASTRICHT
Kerkrade
Herzogenrath
Würselen
AACHEN
ESCHWEILER
STOLBERG
Visé
Herstal
Ans
LIÈGE
Fléron
Seraing
Waremme
Hannut
Huy
Eupen
Dison
VERVIERS
Spa
Malmedy
Monschau
Haute Fagnes
DEUTSCHLAND
BELGIEN
Gembloux
NAMUR
Dinant
Rochefort
Marche-en-Famenne
Bastogne
Givet
Fumay
Famenne
ARDENNES
Ösling
Gutland
Clervaux
Diekirch
Ettelbruck
LUXEMBOURG
DEUTSCHLAND
LUXEMBOURG
BELGIQUE
Arlon
LUXEMBOURG
Esch-s-Alzette
Dudelange
Longwy
Virton
Bouillon
Sedan
CHARLEVILLE-MÉZIÈRES
Nouzonville
Stenay
Longuyon

Willkommen in den Ardennen

Ardennen – welche Vorstellungen werden wach, wenn der Name dieser mitteleuropäischen Waldlandschaft fällt? Gewiss nicht viele, gehört doch das Waldgebirge, an dem Belgien den Löwenanteil hat und Frankreich und Luxemburg sich den Rest teilen, zu den am wenigsten bekannten Landschaften in Europa. Beim Namen mag man an die Rundstedtoffensive denken, die als Ardennenoffensive bekannt geworden ist. Sie war das letzte Aufbäumen von Hitlers Wehrmacht im Winter 1944/45 im Westen und brach als Katastrophe über die Ardennen herein. Es mag heute, fast 60 Jahre nach dieser Offensive, vielleicht befremdlich wirken, dass in vielen Ardennenorten noch deutsche und amerikanische Kampfpanzer von damals präsentiert werden und dass spezielle Museen die Erinnerung wach halten, doch muss man dies als Indiz dafür sehen, wie tief die Menschen in den Ardennen die Katastrophe damals getroffen hat.

Weitaus angenehmer als mit der Assoziation von Krieg ist die Verbindung des Namens „Ardennen" mit einer Köstlichkeit, die es in dieser Art sonst nirgends gibt – dem Ardenner Schinken. Zwar kann man diese Delikatesse auch anderswo in Supermärkten oder Feinschmeckerläden kaufen, doch ist sie dort nicht mit jener Qualität zu vergleichen, die in Metzgereien in den Ardennenprovinzen Lüttich, Luxemburg und Namur gehandelt wird. Selbst im Feinschmeckerland Frankreich erreicht der Ardenner Schinken im Ardennendepartement nicht jenen unnachahmlichen Geschmack, jenen Geruch und jene Festigkeit wie in den Räuchereien und Metzgereien von La Roche, Bastogne, St-Hubert, Bouillon, St. Vith oder Malmedy. Dafür haben die Franzosen in den Ardennen andere Köstlichkeiten, die es jenseits der Grenze in Belgien nicht gibt.

Aber sonst? Die selbst im Sommer zur Ferienzeit weitgehend leeren, dabei aber vorzüglichen Straßen durch die Ardennen – zwischen Lüttich und Luxemburg, zwischen Aachen und Sedan – sprechen eine deutliche Sprache, dass das Land der Göttin Arduinna erst noch entdeckt werden will.

Tatsächlich liegen die Ardennen zwischen der deutsch-belgisch-luxemburgischen Grenze im Osten und der Maas im Westen, einer Linie, die von Echternach etwa nach Sedan führt und – ganz willkürlich, aber sehr praktisch und treffend – entlang der Autobahn Aachen–Lüttich.

Ihr Name soll auf Arduinna zurückgehen, der keltischen Göttin der Jagd und des Waldes. Arduinna war das, was Diana bei den Römern war: Herrin und Schutzpatronin über eine Waldlandschaft, von deren Dimensionen wir uns heute nur noch schwer eine Vorstellung machen können, obschon das geologisch zum Rheinischen Schiefergebirge gehörende Bergland immer noch das weitläufigste und dichteste Waldkleid in Mitteleuropa trägt.

Immer noch ist die Landschaft von tiefen, windungsreichen Tälern zerfurcht und zerschnitten wie schon vor 2000 Jahren, als die Kelten hier jagten. Auerochsen, Bären und Wölfe gibt es in den Ardennen längst nicht mehr, Wildschweine sind jedoch heute noch so beherrschend, dass sie sogar zum offiziellen Wappentier des französischen Ardennendepartements wurden! Wäre das nicht schon allein ein Grund, dieses Land der Wälder und Täler zu besuchen und mit dem Auto, Motorrad oder auch Fahrrad zu durchstreifen? Oder mit dem Kajak auf den Ardennenflüssen zu paddeln oder geruhsam im Hausboot die Maas entlangzuschippern?

Das Wildschwein ist so sehr zum Symboltier der Ardennen geworden, dass die Bewohner des Berglandes gelegentlich selber als „sangliers", als Wildschweine bezeichnet werden. Doch das stört sie nicht. Im Gegenteil, sie fühlen sich geschmeichelt, denn das wehrhafte Tier ist Symbol für Tapferkeit, Kraft und Angriffslust. Übrigens: Das Maskottchen der belgischen Ardennenjäger ist das Wildschwein.

Roger Marche, ein aus den Ardennen stammender Fußballspieler der französischen Nationalelf von 1958, schrieb als „sanglier des Ardennes" Fußballgeschichte. Es gab sogar eine Zeit, da marschierten die Fußballer aus Sedan mit einem grunzenden Maskottchen, einem Respekt einflößenden Keiler namens „Dudule" ins Stadion ein.

Wer sich aufmacht das Land der Göttin Arduinna zu bereisen, wird staunen, wie dicht das Netz gut ausgebauter Straßen ist. Dabei wird er überall auf kleine, meist sechseckige weiße Täfelchen am Straßenrand stoßen, die neben einem kleinen Bild auch einen Routennamen tragen. Fast 40 touristische Routen sind mit solchen Tafeln markiert. Sie sind gleichsam die Schlüssel, die das Bergland als eine Fülle hierzulande kaum bekannter Schatzkammern erschließen. Es sind Schatzkammern beileibe nicht nur der Waldlandschaft mit all ihren Facetten der Sagen und Legenden, die in ihr entstanden sind, sondern auch der Burgen wie Vianden oder Bouillon, Schlösser wie Vêves, Freyr oder Annevoie und Festungen wie Dinant oder Sedan, der oft uralten Klöster wie Echternach, Orval oder Stavelot und romanischen Kirchen, der malerischen reifen kleinen Städte wie Durbuy, La Roche, Esch an der Sauer und nicht zuletzt den Stätten des guten Essens und Trinkens.

In den oft abgelegenen Weilern am Rande des Ourthetales in der Provinz Lüttich war es für Kinder früherer Zeiten mitunter sicherlich mühsam, stundenlang zur Schule zu laufen und viel schöner, in den waldreichen Tälern mit ihren Mühlen den Tag zu verbringen. Durch diese Landschaft führt verständlicherweise die „Route Buissonière", die Route der Schulschwänzer. Gleich zwei Routen sind den Sagen und Legenden gewidmet, die „Route des Légendes" in der belgischen Provinz Lüttich und die „Route des Légendes de Meuse et Semoy" in den französischen Ardennen. Sie geht hier anschließend über in die „Route des Fortifications", die Route der Festungen, die am Südrand des Berglands eine Reihe geschichtsträchtiger Festungen miteinander verbindet, Rocroi, Givet, Sedan, Fumay, Charleville-Mézières oder Mouzon sind nur einige Namen berühmter alter Festungsstädte, durch die der Reisende einen Überblick über rund 2000 Jahre Festungsbau im Herzen Europas bekommt.

Festungen sind mit Kriegen verbunden, meist mit großen Kriegen, doch es hat auch Kriege in den Ardennen gegeben, die uns heute bei allem blutigen Ernst, den sie damals bedeuteten, als Komödie vorkommen mögen. Einem solchen „Komödienkrieg" ist die „Route Guerre de la Vache" in der belgischen Provinz Namur gewidmet. Tatsächlich haben hier von 1271 bis 1273 feindliche Heere miteinander gekämpft, weil ein Bauer eine Kuh gestohlen und von den lokalen Behörden des Grafen von Namur kurzerhand am nächsten Baum aufgeknüpft worden war. Allerdings kam der Dieb aus dem Territorium des Fürstbischofs von Lüttich, und der wollte die Hinrichtung nicht hinnehmen; deshalb schickte er seine Soldaten gegen den unbotmäßigen Grafen von Namur.

An eine andere Art von Krieg erinnert die „Route du Maquis" ebenfalls in der Provinz Namur. Sie führt durch eine der idyllischsten Landschaften der Ardennen, die von viel Niederwald bedeckt ist. Auch wenn das französische Wort „maquis" eigentlich den degradierten mediterranen Korkeichenwald (ital. macchia) auf trockenen Silikat-Böden bedeutet, bezieht sich der Name der Route auf das französische „prendre le maquis" („sich der Widerstandsbewegung anschließen"). So erinnert diese Route an die unselige Zeit des Zweiten Weltkriegs als das Semoistal mit seinen Wäldern ein Hort des belgischen Widerstandes gegen die deutsche Besatzung war.

Von seiner Pfalz in Aachen am nördlichen Ardennenrand ist Karl der Große, der nach Ardenner Überlieferung im heutigen Lütticher Vorort Jupille, also am Rande der Ardennen, geboren sein soll, sicherlich oft durch das Bergland gezogen. Gleich zweimal gibt es eine „Route Charlemagne" – eine in der Provinz Lüttich und eine andere in der von Namur.

Diese beiden Provinzen sind ohnehin das Gebiet in Belgien mit den meisten touristischen Routen. Gleich zwei führen dabei teilweise aus Belgien heraus ins benachbarte Deutschland – die „Venn- und Seenroute“ und die „Ourtalroute“, die beide typische Landschaften im großen grenzüberschreitenden deutsch-belgischen Naturpark Hohes Venn–Eifel erschließen.

In der waldreichsten belgischen Provinz, der Provinz Luxemburg, ist es leider nur eine – die „Route des Forêts“, die Route der Wälder –, die als Rundkurs Waldeinsamkeiten erschließt, wie wir sie sonst in Mitteleuropa kaum kennen. Daneben durchquert die „Route verte Ardennes–Eifel“ als Streckenroute die Provinz Luxemburg. In die glitzernde Welt der Tropfsteinhöhlen der Provinz Namur führt die „Route des Paysages Insolites“, die Route der ungewöhnlichen Landschaften. Chevetogne liegt hier, ein Benediktinerkloster orientalischen Ritus, Schloss Lavaux Ste-Anne mit seinem Jagdmuseum, die Grotten von Rochefort und Han-sur-Lesse, der größten und schönsten Tropfsteinhöhle Mitteleuropas, die uralte romanische Kirche von Celles oder das markante Schloss Vêves.

Auch im Großherzogtum Luxemburg, wo die Ardennen Ösling oder Islek genannt werden, gibt es nur eine einzige ausgeschilderte Touristenroute, die „Route du Genêt“, die Ginsterroute, die an die Blütenpracht des Ardennengoldes – des Besenginsters im Mai – erinnert. Auch sie ist kein Rundkurs. Daneben führen auch hier die „Route Eifel–Ardennen“ und die „Route der ländlichen Architektur“ von Deutschland her durch Luxemburg nach Nordfrankreich und Belgien.

Doch soll es hier auch nicht um eine Beschreibung aller 40 in den Ardennen existierenden Routen gehen. Nehmen wir statt dessen eine Auswahl und sehen wir sie an als einen Schlüsselbund mit vielen kleinen Schlüsseln zu den großen und kleinen Schatzkammern im Land der Göttin Arduinna.

Die Burgenroute im Dreiländereck (Route des Châteaux)

Die Kaisertochter und der Hofkaplan

Idylle ist ein oft missbrauchtes Wort. Doch angesichts des Blicks über das Göhltal bei Hauset im äußersten Nordosten Belgiens, im so genannten Eupener Land, unmittelbar an der Grenze zu Deutschland und den Niederlanden, drängt es sich auf.

Breit und an den Rändern sanft geschwungen liegt das Tal da; durch saftig grüne Wiesen zieht der kleine Göhlbach, gesäumt von Silberweiden. Im Hintergrund verliert sich der Blick auf den Ausläufern des großen Aachener Waldes, in denen die Grenzen der drei Länder zusammentreffen. Beherrschend steht in diesem Bild das mächtige Eisengestänge einer Eisenbahnbrücke, die mehr als 200 Meter lang das stille Wiesental überspannt. Wenn ein Zug hier auf der Fahrt zwischen Köln und Oostende das Tal überquert, dröhnt für ein paar Minuten das alte Eisen und lässt die Luft vibrieren.

Die Hammerbrücke über das Göhltal war 1843 im Zuge der neu geschaffenen Eisenbahnverbindung zwischen Köln und Antwerpen errichtet worden, wobei der Pont du Gard in Südfrankreich unverkennbar Pate gestanden hat. Doch nicht nur ihrer Architektur wegen wurde die doppelstöckige Brücke als besonders bemerkenswert eingeschätzt, sie war auch eisenbahngeschichtlich bedeutsam. Über sie wurde damals die erste grenzüberschreitende Eisenbahnverbindung in Europa eröffnet, und fast

Blick auf die Hammerbrücke in Hergenrath

50 Jahre lang – bis zum Bau der Müngstener Brücke – war die Hammerbrücke über das Göhltal die höchste Eisenbahnbrücke in Deutschland. Damals gehörte das Gebiet des Eupener Landes als Teil der später so genannten Ostkantone zu Deutschland.

Rund 100 Jahre lang hatte fast in Sichtweite dieser Brücke ein völkerrechtliches Kuriosum bestanden, das Stoff für mehr als nur eine Operette hätte abgeben können. Als auf dem Wiener Kongress 1815 die Grenzen zwischen Preußen und den Niederlanden festgelegt wurden, konnten sich die beiden Königreiche über alle Fragen einigen, nur das Gebiet um den Altenberg und Moresnet, ein Dorf von 50 Häusern und 250 Einwohnern, blieb umstritten. Der Grund: Am Altenberg wurde Galmei gefördert, das man früher Zinkspat nannte. Dieses Erz aber ergab zusammen mit Kupfer das militärisch bedeutsame Messing. Da keiner der beiden Kontrahenten auf diesen Rohstoff verzichten wollte, wurde noch nach der Schlussakte des Wiener Kongresses zwischen den beiden Königreichen heftig gestritten. Erst 1816 schloss man in Aachen einen Grenzvertrag, in dem das Problem mit einem Kompromiss vertagt wurde. Moresnet wurde für neutral erklärt und der gemeinsamen Verwaltung von Preußen und den Niederlanden, später Deutschland und Belgien unterstellt.

Die Emmaburg (Eyneburg) bei Hergenrath

In diesem Neutral Moresnet in den Ausläufern des Aachener Waldes, der ja letztlich der nördlichste Vorposten der Ardennen ist, hat ein Arzt 1886 sogar eigene Briefmarken für den Ort herausgegeben. Das wurde zwar später verboten, machte die Briefmarken aber zu begehrten Sammelobjekten.

Das völkerrechtliche Kuriosum endete mit dem deutschen Einmarsch 1914. Durch den Versailler Vertrag wurde der Ort unter dem Namen Kelmis-La Calamine belgisch, trägt aber bis heute neben dem belgischen Löwen den preußischen Adler im Wappen.

Schon mehr als 1000 Jahre, bevor sich die Politiker das Schelmenstückchen mit dem Namen Neu-Moresnet leisteten, soll nach Berichten mittelalterlicher Chronisten das Göhltal Schauplatz einer pikanten Romanze in allerhöchsten Kreisen gewesen sein. Mitten im Wald liegt hier der offiziell Eyneburg genannte mittelalterliche Komplex der Emmaburg nahe dem Ort Hergenrath. Er gehört zwar zum heutigen Belgien, liegt aber nicht weit von Aachen. Kaiser Karl soll diese Burg gehört haben. In einer Winternacht habe er, so berichtet die Geschichte, seinen Hofkaplan Einhard beobachtet, wie er von einem Schäferstündchen bei seiner, des Kaisers Tochter, gekommen sei und zu seiner Wohnung zurückwollte. Doch es hatte geschneit, und die Liebenden fürchteten,

Spuren im Schnee könnten sie verraten. So wurde der Kaiser Zeuge, wie seine Tochter ihren Liebhaber auf den Rücken nahm und ihn zu seiner Kammer trug.

Zwar ließ Karl der Große die beiden Liebesleute zum Tode verurteilen, doch dann begnadigte er sie und auf der „Emmaburg" soll ein rauschendes Hochzeitsfest gefeiert worden sein. Diese Eyneburg am Rande des Göhltals ist die größte Burg im Dreiländereck. Sie gehört inzwischen einem arabischen Scheich, der sie zu einem Luxushotel umfunktionieren will.

Töpfe für den König von Spanien

Als im Jahre 1960 die Gemeinde Raeren die aus dem 14. Jahrhundert stammende Wasserburg Raeren kaufte, war der Weg frei zur Gründung eines in Belgien einzigartigen Museums: des Raerener Töpfereimuseums. Es ist heute ein beliebtes Ausflugsziel und eine kulturgeschichtlich ganz hoch einzuordnende Sehenswürdigkeit.

Dass in Raeren ein Töpfereimuseum eingerichtet wurde, kam natürlich nicht von ungefähr, immerhin gehörte Raeren über Jahrhunderte zu den bedeutendsten Töpfereizentren Mitteleuropas. Wann und wie die Geschichte der Raerener Töpferei angefangen hat, weiß man nicht. Wahrscheinlich entwickelte sich die Kunst des Töpferns angesichts vorhandener Rohstoffe aus lokalen Handwerksbetrieben, die die Dorfbevölkerung mit dem notwendigsten Geschirr versorgte. Immerhin sind Aufzeichnungen überliefert, wonach in der Mitte des 15. Jahrhunderts der „kroekenbecker" von

Sehenswerte Arbeiten im Raerener Töpfereimuseum

Raeren der wichtigste Steuerzahler des Ortes war.

Nachdem man anfangs nur Gebrauchsgeschirr in Raeren hergestellt hatte, und dazu Erzeugnisse aus den Töpferwerkstätten von Köln und Siegburg kopierte, entwickelte sich seit der Mitte des 16. Jahrhunderts ein eigener, unverwechselbarer Raerener Stil. Dadurch wurden diese Erzeugnisse zu in ganz Europa geschätzten Kunstobjekten. Viele dieser Produkte wurden mithilfe von Schablonen kunstvoll verziert – etwa mit Bildern aus der Bibel, aus der Geschichte oder der Mythologie.

Besonders berühmt wurden die Bartmannkrüge aus Raeren, für die Sammler heute hohe Preise zahlen. Einige besonders schöne

Stücke sind im Museum ausgestellt. Auf dem bekannten Gemälde „Die Bauernhochzeit" des flämischen Malers Pieter Breughel d. Ä., das in der Königlichen Gemäldegalerie in Brüssel zu sehen ist, sind Raerener Bartmannkrüge zu erkennen.

Die Raerener Töpfereiwaren wurden sorgsam verpackt auf Pferdefuhrwerken und mit Schiffen zu Zielen in ganz Europa gebracht. Deutschland, die Niederlande, Skandinavien, Russland, Frankreich, ja sogar Spanien, waren Ziele, zu denen Raerener Töpfereiprodukte transportiert wurden. In Spanien wurde der König mit Krügen und Töpfen aus Raeren beliefert.

Mitte des 17. Jahrhunderts begann der Niedergang der Raerener Töpferei. Damals kam mehr und mehr das Porzellan auf. Auch wurde es zunehmend schwieriger genügend Salz zu beschaffen, das für die Glasur der Töpfe und Krüge erforderlich war. Als Folge der Wirren des Dreißigjährigen Krieges wanderten schließlich auch viele Fachleute nach Höhr-Grenzhausen in den deutschen Westerwald ab, dessen Töpfereiwerkstätten somit weiter aufblühten.

Ende des 19. Jahrhunderts gab der letzte Raerener „Krugbäcker" seine Arbeit auf. Heute kann man nur noch im Rahmen von Schautöpferveranstaltungen im Museum zuschauen, wie auf der sich schnell drehenden Töpferscheibe geschickte Hände kunstvolle Gegenstände aufbauen.

i *Literaturtipp:*
Burgen und Festungen in der Euregio Maas-Rhein, versch. Autoren,
GEV, 272 Seiten.
ISBN 90-5433-159-3

TIPP

GUTE ADRESSEN AM WEGESRAND

EUPEN: Ambassador Hotel Bosten mit Restaurant Le Gourmet, Haasstraße 81,
B–4700 Eupen
Tel.: 0032-87-740800
Fax: 0032-87-744841
E-Mail: ambassador.bosten@skynet.be

KELMIS-LA CALAMINE:
Park Hotel, Rue Carabiniers 2
B–4720 Kelmis/La Calamine
Tel.: 0032-87-639530
Fax: 0032-87-653428
E-Mail: parc.hotel@contactoline.net

EYNATTEN: Hotel Comme chez toi
Wesselbend 71–73
B–4731 Eynatten, Tel.: 0032-87-658649
Fax: 0032-87-630217

Weitere Informationen: Verkehrsamt der Ostkantone, Mühlenbachstraße 2
Postfach 66
B–4780 St. Vith
Tel.: 0032-80-227664
Fax: 0032-80-226539
www.eastbelgium.com
E-Mail: info@eastbelgium.com

DIE BURGENROUTE IM ÜBERBLICK

Die Burgenroute im Dreiländereck, die 79 Kilometer lange Route des Châteaux Trois Frontières, wie sie in den französischsprachigen Orten bezeichnet ist, verbindet in einem Rundkurs 30 verschiedene Burgen, Schlösser und Herrensitze am nördlichen Rand der Ardennen. Die Hinweistafeln zeigen eine Burganlage zwischen Bäumen und drei Grenzsteine als Hinweis auf das Dreiländereck. Lediglich im Gebiet von Fouron-St-Pierre sind nur drei Grenzsteine auf den Tafeln zu sehen.

Als Rundkurs kann die Route natürlich an jeder Stelle begonnen werden, doch empfiehlt es sich Kelmis (La Calamine) als Start und Ziel zu wählen. Sehenswert ist hier das Göhltalmuseum, das einen Überblick über Geologie und Galmeiflora, Bergbaugeschichte und politische Geschichte dieses ehemaligen Zwergstaates gibt.

Zu Karneval ist **Kelmis** eine närrische Hochburg mit einem bekannten Rosenmontagszug.

Hergenrath mit der Emmaburg, Eynatten mit dem Amstenratherhaus, einer Wasserburg von 1431, und Raeren sind weitere Stationen.

In **Raeren** sind außer dem Töpfereimuseum sehenswert: das „Haus Raeren" hinter dem Museum als besonders schönes Beispiel für einen bewohnten Bergfried einer alten Wasserburg aus dem 16. Jahrhundert; das „Haus Bergscheid", Hauptstraße 104–108 und das Haus Moeris, Walheimer Straße.

Infos: Töpfereimuseum Burg Raeren, Burgstraße 103, B–4730 Raeren, Tel.: 0032-87-850903, Fax:0032-87-850932, Internet: www.toepfereimuseum.org

In **Kettenis** bei Eupen sind Schloss Libermé, Haus Groß Weims, Waldenburg und Philippenburg sehenswert, dann geht es weiter nach Lontzen mit seinem Schloss, nach Henri-Chapelle (Ruyff) mit dem Château de Baelen und dem Vieux Château de Ruyff, heute eine Klinik, und nach Moresnet mit dem Schloss Streveströg oder Graaf und Schloss Broich. In Homburg liegt das sehr schön erhaltene Schloss Vieljaeren, und in Fouron St-Pierre/St-Pieter-Voeren erinnert die Kommende vom Beginn des 17. Jahrhunderts an die Herrschaft des Deutschen Ordens. Sie ist eine der wichtigsten Stationen der Burgenroute.

Gemmenich, eine weitere Station, ist in der Weihnachtszeit wegen seines Krippenweges bekannt; auf einem Bauernhof in der Nähe wurde der Komponist César Franck geboren. Von hier aus ist es nur einen Sprung weit zum Dreiländereck der belgisch-deutsch-niederländischen Grenze in den Ausläufern des Aachener Waldes mit einem Aussichtsturm.

Die Venn- und Seenroute (Route Fagnes et Lacs)

Herrlich ist's übers Moor zu wandern

Es muss ein schauriges Wetter gewesen sein an jenem Novemberabend des Jahres 1808, als sich der Schneider Michel Schmitz auf dem Heimweg in sein kleines Dorf Herbiester im Hohen Venn verirrte. Der dichte Nebel nahm jede Sicht. Wald, Bäume oder nur Büsche, an denen der Blick hätte hängen bleiben können, gab es damals auf dem Hochplateau noch nicht. So war der schmale Weg bald verloren und die Füße versanken immer öfter im zähen Moorschlamm. Der Schneider bekam Angst um sein Leben und er gelobte eine Hütte im Moor zu bauen, von wo aus er anderen Verirrten helfen würde, wenn er heil aus dem Moor herauskäme.

Das Wunder geschah jedoch und Michel Schmitz fand auf festen Boden zurück und hielt Wort. Er baute eine kleine Rasenhütte, der er seinen Namen gab, Michelshütte, Baraque Michel. Viele Verirrte sind von hier aus gerettet worden. Aus der Rasenhütte des Schneiders ist das touristische Zentrum einer Landschaft geworden, die heute die Besucher zu Hunderttausenden anlockt. Es geht eine eigenartige Faszination von dieser Moorlandschaft aus, die mit der 694 Meter hohen Botrange den höchsten Punkt des ganzen Königreichs Belgien hat. Ist es vielleicht ein kleiner Nervenkitzel, in einem Gebiet zu wandern, in dem noch vor 150 Jahren keiner, der hineinging, sicher sein konnte, wieder heil herauszukommen? Wo Wilderer Forstbeamte und Räuber ahnungslose Fuhrleute erschlugen? Oder ist es nur die Faszination der Weite und Einsamkeit, die die Besucher von weither – aus Deutschland, Luxemburg, Belgien oder den Niederlanden – in solchen Scharen anlockt, dass den Naturschützern die Haare zu Berge stehen? Denn wo im Jahr über 500.000 Wanderer sich in eine Landschaft ergießen, die als Biotop so empfindlich ist wie ein Hochmoor, bleibt die Natur auf der Strecke. Ganz abgesehen davon, dass es bei einer halben Million Besucher in einem Naturschutzgebiet von gerade 4.500 Hektar Größe nicht mehr weit her ist mit der Einsamkeit. Die Sichtweite schränken ohnehin die seit den Zeiten der preußischen Besitznahme 1816 entstandenen Fichtenwälder ein. Und auch die Schlagbäume und Verbotsschilder, die in den letzten Jahren aus dem Boden geschossen sind, findet man inzwischen wie Pilze nach einem warmen Sommerregen.

Trotzdem steht das Hohe Venn zwischen Monschau, Eupen, Malmedy und Spa im deutsch-belgischen Grenzgebiet in dem Ruf, Einsamkeit und Weite, gepaart mit einer nordisch anmutenden Landschaft, zu bieten. So kommen immer wieder aufs Neue die Großstädter, die durch Bäche waten wollen oder mit den Stiefeln im Morast einsinken und über einen Boden gehen möchten, der unter jedem ihrer Schritte wie ein Trampolin schwingt.

Doch vor solcher Art von Erlebnissen hat die Forstverwaltung inzwischen knallharte Zugangsbeschränkungen gesetzt. Spätestens seitdem 1966 der Europarat die Hochmoorlandschaft des Hohen Venns mit dem Europäischen Diplom ausgezeichnet hat, reagiert man in Namurr beim zuständigen Ministerium der Wallonischen Region empfindlich auf den Andrang der Vennwanderer. 1992 setzte man die Regelungen eines Gesetzes von 1975 in Kraft, das das Hohe Venn in vier Zonen einteilt.

A- und B-Zonen darf jedermann betreten. Eine D-Zone wurde ausgewiesen, die nur von Forstleuten und Wissenschaftlern betreten werden darf. Hier soll das letzte Brutgebiet des Birkwildes geschützt werden. Die größten und typischsten Moorflächen wurden in einer C-Zone zusammengefasst. Damit wurden sie praktisch für jedermann gesperrt, es sei denn, er ist mit einem sachkundigen und von der Forstverwaltung autorisierten Führer – einem der offiziellen „Guides Nature" (Naturführer) – unterwegs. Deren Terminkalender sind jedoch meist dicht gefüllt, denn auch sie dürfen nicht bei jeder Jahreszeit ins Moor. Besondere Trockenperioden mit ihrer Brandgefahr oder Vogelbrutzeiten machen auch den Naturführern das Hochmoor unzugänglich.

Wir haben Glück, können uns mit einem Naturführer zu einer Wanderung durch die C-Zone verabreden. Strahlend blauer

Baraque Michel: Ein beliebter Treffpunkt im Hohen Venn

Herbsthimmel spannt sich über der Baraque Michel, über dem Hohen Venn, lässt keinen Gedanken daran aufkommen, es könnte schaurig sein, übers Moor zu gehen wie Annette von Droste-Hülshoff das in ihrem berühmten Gedicht vom „Knaben im Moor" ausgedrückt hat.

Unsere Führerin erwartet uns schon. Gisela sieht nicht aus wie ein Kräuterweiblein, eher wie eine Naturkundelehrerin auf Klassenausflug. Gummistiefel und derber Anorak, eine Armbinde mit der stilisierten Siebensternblüte (dem Symbol des Naturschutzgebietes) und der Lizenznummer weist sie als diplomierte Naturführerin aus, ermächtigt, uns ins verbotene Moor zu führen und am Ende auch wieder heil heraus.

Ein paar Verhaltensmaßregeln gibt es noch vor dem Abmarsch unserer kleinen Gruppe: Unbedingt auf dem Weg bleiben, werden wir angewiesen, nichts abzupflücken oder auszugraben, nichts wegzuwerfen. Nicht einmal eine Apfelkitsch, sagt Gisela. Sie könne den pH-Wert des Bodens verändern. Und selbstverständlich herrscht unterwegs absolutes Rauchverbot.

Dann erzählt sie, wie die Moorlandschaft entstanden ist. Wie wasserundurchlässige Verwitterungsböden, hohe Niederschläge und ein fast abflussloses Relief gewirkt haben, damit sich solch eine Hochmoorlandschaft bilden konnte. Dabei hat Hochmoor nichts mit der Höhenlage zu tun, erfahren wir. Der Name bezieht sich auf spezielle Wachstumseigenschaften des Torfmooses, das in der Mitte der Tümpel immer stärker in die Höhe wächst als am Rand. Nach einiger Zeit liegen die letzten Waldreste, die uns zunächst begleitet haben, hinter uns.

Wir schauen über eine endlos erscheinende, gewellte Landschaft, die fern am Horizont von Wäldern eingerahmt ist. Goldgelb schimmert sie; die Herbstfärbung beginnt das Pfeifengras leuchten zu lassen, das weithin den Boden bedeckt. Hier und da stehen Gruppen abgestorbener Fichten, denen der saure Moorboden zum Verhängnis wurde. Flache Talfurchen sind in das Land eingeschnitten: die Täler von Hill und Rur. Fast sieht das Land aus wie eine große Wiese. Unwegsames Moorland, sagt unsere Naturführerin; der Eindruck der Wiese täusche, da hindurchzugehen sei unendlich mühsam und gefährlich. Nicht wegen des Einsinkens, sondern wegen des Umknickens mit den Füßen auf den Wurzelstöcken des Pfeifengrases.

Eine Gruppe kommt uns entgegen, im Gänsemarsch, der Naturführer vornweg. Anders ist es auf den schmalen Holzstegen, die kilometerlang ausgelegt sind, um die Vegetation davor zu schützen, zertreten zu werden nicht möglich. Ein freundliches Kopfnicken, „Mesdames, Messieurs!" Belgier wandern viel im Hohen Venn.

Wie wird man Naturführer? Als wir eine Mittagspause an einem kleinen Bach machen, erzählt Gisela von der Ausbildung. Anderthalb Jahre muss die Schulbank gedrückt werden, Wochenende für Wochenende heißt es Pauken! Die deutschsprachigen Aspiranten auf das begehrte Diplom werden von der Deutschsprachigen

Gemeinschaft in einem ehemaligen Forsthaus bei Eupen, der Naturkundlichen Bildungsstätte Haus Ternell, die französischsprachigen Teilnehmer im Centre Nature, dem Naturparkzentrum an der Botrange, ausgebildet. Der Lehrstoff ist vielseitig. Dozenten aus Belgien und Deutschland, zum Teil von der Technischen Hochschule im nahen Aachen, unterrichten im Haus Ternell bei Eupen und vermitteln Kartenkunde und Geologie, Geomorphologie und Pflanzenkunde.

Die angehenden Naturführer lernen, wie man Pflanzen bestimmt, wie man Pilze erkennt und was man aus Tierspuren lesen kann. Ökologie und Waldpädagogik spielen eine große Rolle in der Ausbildung. Und ehe sie zu Diplomarbeit, Klausuren und mündlicher Prüfung zugelassen werden, um dann die begehrte Lizenz zu bekommen und die Armbinde mit der Siebensternblüte tragen zu dürfen, müssen sie über Spinnen und Eidechsen ebenso Bescheid wissen wie über Vögel. Sie müssen demonstrieren können, dass das Torfmoos bis zum 30fachen seines Gewichtes an Wasser speichern kann und dürfen keine Antwort schuldig bleiben auf die Frage, warum die von Abwässern unbelasteten Vennbäche dennoch manchmal schmutzige, unappetitlich aussehende Schaumkronen tragen.

Wer macht solche Ausbildungen mit, wollen wir wissen. Die Antwort: Hausfrauen und Bankbeamte, pensionierte Revierförster ebenso wie Lehrer oder Wanderwarte von Vereinen. Und nicht nur deutschsprachige Belgier aus dem Eupener Land und aus der Eifel kommen ins Haus Ternell und lernen dort, sondern ebenso Deutsche, wie Gisela, die den Weg über die heute nicht mehr wahrnehmbare Grenze zur Ausbildungsstätte nach Belgien fand.

Dass Hunde, selbst an der Leine, bei einer Wanderung im Hohen Venn nichts zu suchen haben, da sie die Bodenbrüter unter den Vögeln stören, sei manchen Teilnehmern an Wanderungen nur schwer beizubringen, erfahren wir. Und immer wieder gebe es Auseinandersetzungen wegen des Rauchens. Die Gefahr für das Moor bestehe nicht darin, dass die Oberfläche mit ihrer Vegetation verbrennt. Ein durch eine achtlos weggeworfene Zigarette im trockenen Gras entfachtes Feuer könne sich tief in den Torfboden hineinfressen und dadurch außer Kontrolle geraten. Solche unterirdischen Vennbrände habe es noch in diesem Jahrhundert gegeben – sie könnten Jahre andauern.

Kein Laut der Außenwelt dringt zu unserem Rastplatz, obwohl die Straße nur wenige Kilometer entfernt ist. Es ist, als ob das Moor jedes fremde Geräusch verschluckt. Ein paar große Vögel fliegen auf. Sind es Schottische Moorschneehühner, die im Hohen Venn – vor 100 Jahren ausgesetzt – hier bisher ihr einziges Brutgebiet auf dem europäischen Festland haben, oder sind es Birkhennen? Auch Gisela kann die Tiere so schnell nicht identifizieren. Doch die Moorschneehühner, sagt sie, seien selten geworden, vielleicht schon verschwunden und dem Wandertourismus zum Opfer gefallen.

Wir müssen die Rur überqueren. Es ist nicht die berühmte Ruhr mit „h“, es ist der wichtigste Wasserlauf, der aus dem Hohen Venn kommt, die großen Nordeifeler Talsperren füllt und dann bei Roermond in die Maas mündet. Nur stellenweise sind jetzt noch Holzstege ausgelegt. Der Pfad schlängelt sich am Ufer entlang, manchmal auch ein Stück vom Wasser weg. Doch unsere Naturführerin findet immer die richtigen Trittstellen. Sie muss sich auskennen in einer Landschaft, in der „unter jedem Tritt ein Quellchen springt", wie es Annette von Droste-Hülshoff formuliert hat.

Als wir nach mehr als fünf Stunden wieder zur Baraque Michel kommen, singt in unseren Stiefeln das hineingelaufene Wasser, an den Hosenbeinen klebt festgetrockneter Torfschlamm. Wir träumen von einer deftigen Portion Ardenner Schinken, einem dunklen Trappistenbier und einer Bank, auf der wir unsere müden Glieder ausstrecken können. Aber dennoch wissen wir: Die Dichterin muss bei anderem Wetter im Moor unterwegs gewesen sein oder aber ohne eine Naturführerin. Denn schaurig war's diesmal nicht, übers Moor zu gehen.

Botrange, der höchste Punkt der Ardennen

„Höhe über dem Meeresspiegel, NN, 700 Meter", weist eine kleine, in den Boden der so genannten Butte Baltia auf Botrange eingelassene Steintafel aus. Das wäre weiter nicht bemerkenswert, würde man sich an dieser Stelle nicht auf dem höchsten Punkt des Hohen Venns, der Ardennen, ja des ganzen Königreichs Belgien befinden. Belgiens höchster Punkt also 700 Meter

Signal de Botrange

hoch? Die Belgier hätten das gern gehabt, als die Botrange oder die Höhe von Bodringen, wie es im Deutschen manchmal auch heißt, nach dem Ersten Weltkrieg an ihr Königreich fiel. Doch genau genommen stimmt das nicht, steht der Besucher der Botrange vor einer kleinen Schwindelei.

694 Meter erhebt sich dieser höchste Punkt des Hohen Venns über den Normal-Null-Pegel im Hafen von Amsterdam, gemeinhin als Meeresspiegel bezeichnet.

Nachdem durch die Grenzverschiebungen als Folge des Versailler Vertrages 1919 die bis dahin zu Deutschland gehörende

Botrange an Belgien gekommen war, hatten die Belgier den vielleicht verständlichen Wunsch und Ehrgeiz, der höchste Punkt ihres Landes möge doch wenigstens 700 Meter hoch sein. So ließ im Jahre 1923 der für die Ostkantone zuständige Hochkommissar, Generalleutnant Baron Baltia, einen Hügel von genau 6 Metern Höhe aufschütten, wodurch die Botrange, Belgiens höchster Punkt, denn tatsächlich auf eine, wenn auch nur symbolische Höhe von 700 Metern gebracht wurde. Aber wer denkt schon an solche Kleinigkeiten, wenn er die Stufen zur Plattform der Butte Baltia hochsteigt und die Inschrift liest?

Tatsächlich ist die Botrange nicht nur durch diesen Trick ein bemerkenswerter Punkt im Hohen Venn. Immerhin wurde sie bereits im Jahre 670 in einem Grenzprotokoll erwähnt, das auf Veranlassung des Frankenkönigs Childerich I. die Grenzen der damaligen Abtei Stavelot-Malmedy festlegte und dabei die Höhe von Sicco Campo, den trockenen Platz, erwähnte. Sicco Campo war nach Ansicht der Historiker identisch mit der markanten Höhe der Botrange, wobei der alte lateinische Name heute noch im wallonischen Flurnamen Setchamps am Rande der Botrange im Hohen Venn fortlebt.

Es ist ganz natürlich, dass dann auch in späteren Jahrhunderten die Botrange immer wieder in Grenzziehungen und -beschreibungen eine Rolle spielte. Es sind nur wenige Meter von der Butte Baltia über die heutige Nationalstraße zum Dreikantenstein, bei dem 1756 die Grenzen zwischen Luxemburg, Stavelot und Limburg zusammentrafen.

Ganz nahe der Butte Baltia steht am Waldrand die Tranchot-Pyramide. Ihr Name erinnert an den französischen Vermessungsingenieur, Colonel Jean-Jaques Tranchot, der zwischen 1803 und 1807 im Auftrag Napoleon Bonapartes eine Karte des Hohen Venns zeichnete und dazu das Land vermessen musste.

1894 spielte die Botrange wieder eine Rolle als Fixpunkt bei Vermessungen, diesmal bei denen der nun zuständigen Preußen. Sie errichteten 1894 nahe der Tranchot-Pyramide einen niedrigen, quadratischen Vermessungsstein.

Es kann durchaus sein, dass Besucher der Botrange gar keine Kenntnis von der großen Bedeutung nehmen, die diese Stelle als Vermessungspunkt und als höchster Punkt Belgiens spielt. Ihnen fällt nur der wuchtige, quadratische Turm auf, der aus Bruchsteinen aufgemauert ist. 1933/34 ließ Franz Fagnoul, einer der bekanntesten und engagiertesten belgischen Vennfreunde, diesen Aussichtsturm auf der Botrange bauen. Der Turm entstand an einer Stelle, an der der oben genannte Colonel Tranchot bereits 1804 einen Turm hatte bauen lassen; dieser hat jedoch nicht lange gestanden. Nicht anders erging es einem zweiten Turm, der von preußischen Vermessungsingenieuren Ende des 19. Jahrhunderts errichtet wurde.

Fagnouls Botrangeturm hat dann allerdings den Zeiten getrotzt, auch wenn er Ende des 20. Jahrhunderts über Jahre hinweg wegen Baufälligkeit geschlossen werden musste. Die Aussicht von der Plattform des 24 Meter hohen Turms ist faszinierend. Man sieht

Die Burg Reinhardstein oder: das Märchen vom Wiederaufbau

nicht nur über das weite Vennland, im Westen geht der Blick sogar bis zu den Abraumhalden bei Lüttich. Es wird erzählt, dass man in den 1930er-Jahren bei klarem Wetter von hier oben das Siebengebirge, die Türme des Kölner Doms und im Sommer bei Sonnenuntergang die Fenster des Benrather Schlosses habe erkennen können, in denen sich dann die Sonne spiegelte. Ob das stimmt, ist nicht zu sagen, möglich wäre es. Denn zum einen waren damals die Wäld3er noch nicht so hoch wie heute. Zum anderen war die Luft noch nicht so verunreinigt, sodass man sicherlich weiter blicken konnte.

Franz Fagnoul, der in Ovifat geboren wurde und als ein einzigartiger Kenner des Hohen Venns galt, baute an den Turm noch ein bescheidenes Gasthaus an, verbunden mit einem kleinen Vennmuseum, das allerdings ein Opfer des Zweiten Weltkriegs wurde.

Reinhardstein – die Burg der Metternichs im Venn

Burgen haben zu allen Zeiten die Fantasie der Menschen angeregt. Das gilt erst recht, wenn eine Burg so exponiert auf einem Felsen im Wald über einem mächtig herab-

Ritterrüstung in der Burg Reinhardstein

stürzenden Wasserfall liegt wie die Burg Reinhardstein bei Ovifat im Hohen Venn. Hinzu kommt, dass Karl der Große hier zu jagen pflegte, was abenteuerliche Mythen provoziert hat.

Als Karl der Große, so beginnt eine der vielen Sagen um die Burg Reinhardstein, die Söhne seines gefallenen Freundes Haymon verstieß, irrten die vier Haymonskinder auf dem Riesenpferd Bayard durch die Ardennenwälder. Schließlich gelangten sie an eine einsam am Rande endloser Moore liegende Burg, die auf uneinnehmbaren Felsen hoch über einer wilden Schlucht lag: Reinhardstein. Hier wurden sie gastlich aufgenommen.

In dieser Version der oft erzählten und an vielen Stellen in den Ardennen lokalisierten Sage von den vier Haymonskindern begegnet uns die erste, wenn auch sagenhafte Erwähnung der Burg. Die Anfänge dieser Burg Reinhardstein verlieren sich im Dunkel der Geschichte. Möglicherweise hatten die Kelten hier bereits eine Befestigung hoch auf dem Felsen über dem Tal der Warche nahe Malmedy. Spuren gab es, die auf eine Befestigungsanlage der Römer, später der Franken deuteten. Karl der Große hatte immerhin im nahen Weismes eines seiner Königsgüter, manche sprechen sogar von einer Jagdburg. Vielleicht floss hier bereits die Existenz Reinhardsteins mit ein.

Urkundlich erwähnt wird die Burg allerdings erstmals im Jahre 1354, als Reinhard von Weismes vom Luxemburger Herzog Wenzeslas die Erlaubnis zum Bau einer Burg über dem Warchetal erhielt. Durch Heirat kam diese Burg 1550 in den Besitz der Familie Metternich, die bis 1812 Herrin der Burg im Hohen Venn blieb. Dann wurde sie verkauft und aufgelassen. Zu der Zeit lebte bereits der berühmteste Spross der Burgherren von Reinhardstein, jener Clemens Wenzeslas Lothar, Fürst von Metternich, Großkanzler des österreichischen Kaisers und Präsident des Wiener Kongresses. Es war jener Mann, der von seinen Zeitgenossen oft als der „Kutscher Europas“ bezeichnet wurde.

Als sein Vater die Burg verkauft hatte, war es bald um sie geschehen. Binnen weniger Jahrzehnte war aus der stolzen Burg der Metternichs eine unansehnliche Ruine geworden, die allmählich von Bäumen und Büschen überwuchert und von weitem kaum noch erkennbar, zu einer verwunschen wirkenden Idylle wurde.

Als Idylle im dichten Wald, hoch über dem romantischen Warchetal, haben unzählige Wanderer noch vor rund 30 Jahren die Ruine Reinhardstein erlebt. Heute erhebt sich an der Stelle der Ruine wieder die Burg der Metternichs. Wie es dazu kam ist eine nicht alltägliche Geschichte.

Der jahrzehntelang in Brüssel bei der Ausbildung angehender belgischer Diplomaten tätige Professor Overloop kam bei einer Wanderung ins Warchetal und sah die verfallende Ruine. „Es war Schicksal“, sagt er heute, „mein Schicksal, dass ich diese Ruine gesehen habe“. Als Historiker war ihm die Geschichte des Hauses Metternich natürlich durchaus geläufig. Er begann sich mit der Geschichte der Burg zu befassen und durchstöberte Bibliotheken, Archive sowie Antiquariate auf der Suche nach alten Bildern und Stichen der Metternichburg. Schließlich hatte er so viel Material zusammengetragen, dass er sich ein Bild davon machen konnte, wie die Stammburg des „Kutschers Europas“ ausgesehen hatte.

1965 betrieb der Professor die Bildung einer gemeinnützigen Vereinigung, deren Ziel es zunächst war, die Ruine vor dem weiteren Verfall zu bewahren. Dann erwarb er selbst den Ruinenkomplex und begann 1970 mit dem Wiederaufbau. Doch den Ausdruck Wiederaufbau hört der Professor nicht gern. „Es war kein einfacher Wiederaufbau“, sagt er, „es war eine originalgetreue Rekonstruktion.“

Die Arbeit, die hier nahe dem Venndorf Ovifat geleistet werden musste, war gewaltig. Bäume und Buschwerk mussten entfernt und Keller, Gewölbe sowie Mauerreste auf ihre Tragfähigkeit geprüft werden.

Im Laufe der Zeit war das Gestein der zerfallenen Burg in die Tiefe, ins Warchetal, gestürzt.

Das alles musste wieder in die Höhe geschafft werden, Stein für Stein, denn natürlich sollte die Burg soweit möglich mit den alten Steinen aufgebaut werden. Da aber aus Naturschutzgründen ein Fahrweg aus dem Tal nicht angelegt werden durfte, mussten mehr als 140 Tonnen Steine von den Arbeitern auf dem Rücken auf den Berg geschleppt werden.

Der Bauherr suchte in den Dörfern der Umgebung alte Maurer, die sich zutrauten, das Mauerwerk nach den alten Techniken auszuführen. Das sollte mit einem Mörtel geschehen, der so zusammengesetzt war, wie es im Mittelalter Brauch war.

Trotz dieser Mühen war das Werk nach 18 Monaten vollendet. Heute ist die Burg Metternich – wie Reinhardstein auf Wunsch des heutigen Fürsten Metternich inzwischen wieder genannt wird –, eine besondere Sehenswürdigkeit im Hohen Venn, die viel zu erzählen hat.

i *Burg Reinhardstein*
Chemin du Cheneux 50
4950 Robertville
Tel. 0032-80-44 68 68
Fax: 0032-80-44 69 99
www.robertville.be/reinhardstein

NEUN BLAUE BLUMEN UND EIN ROTER LÖWE

Wenn der Ministerpräsident der Deutschsprachigen Gemeinschaft in Eupen aus dem Fenster seines Dienstzimmers schaut, blickt er ins geschäftige Herz der (inoffiziellen) Hauptstadt seines Landes. Es ist ein Land, das aus zwei getrennten Teilen besteht und rund 70.000 Einwohner hat. Einwohner dieses reizvollen Landstriches sprechen Deutsch.

Als nach dem Ersten Weltkrieg das besiegte Deutschland im Friedensvertrag von Versailles die bis dahin preußischen Landkreise Eupen, Malmedy und St. Vith an das Königreich Belgien abtreten musste ermahnte der damalige belgische König Albert I. die Belgier, sich der neuen Landsleute mit besonderer Behutsamkeit anzunehmen. Sie hätten das Vaterland wechseln müssen, sagte der König damals, und würden nun Zeit brauchen, sich in Belgien einzuleben. Tatsächlich meinte der König vor allem die Bewohner der Kreise Eupen und St. Vith, die zum weit überwiegenden Teil Deutsche von Sprache und Kultur waren, während die Bewohner des Kreises Malmedy als französischsprachige Wallonen nie viel für Preußen übriggehabt hatten.

Belgien hat die Worte seines Königs von damals beherzigt, auch wenn es insgesamt mehr als 70 Jahre gedauert hat, bis der heutige Zustand erreicht wurde. Mag auch das

1760 schuf Johann Joseph Couven diesen Prachtbau an der Eupener Klötzerbahn. Heute ist er Sitz der Regierung der Deutschsprachigen Gemeinschaft Belgiens.

Zusammenleben der deutschsprachigen Belgier mit den wallonischen und flämischen Landsleuten, nicht immer frei gewesen sein von Problemen, kann sich das heutige Belgien rühmen, eine in Europa einzigartige vorbildliche Minderheitenpolitik zu betreiben. Die 70.000 deutschsprachigen Belgier im Osten des Königreiches, in Eupen und St. Vith, sind heute wohl die bestgeschützte Minderheit in Europa.

Doch eigentlich hört man es im Eupener und St. Vither Land gar nicht gern, wenn man die Bewohner als Minderheit in Belgien anspricht. Natürlich sind sie bei einer Gesamtbevölkerung des Königreichs von rund 10 Millionen mit nur knapp 0,7 Prozent eine echte Minderheit. Doch in Ostbelgien verweist man auf die Verfassung des Staates, auf die Gliederung des Königreichs in Regionen und Gemeinschaften und auf die Tatsache, dass die winzige deutschsprachige Gemeinschaft den beiden großen Gemeinschaften des Landes gleichberechtigt ist. Die Rechte, die die Deutschsprachigen in Belgien genießen, gehen weit über das hinaus, was andere europäische Staaten ihren nationalen Minderheiten zugestehen, sodass schon vom Verfassungsrecht her die Deutschsprachigen nach der bis 1993 durchgeführten Staatsreform einfach keine Minderheit mehr sind. Als kleinste nationale Sprach- und Kulturgruppe sind sie ein konstituierender Bestandteil des modernen Staates.

Der Weg dorthin war allerdings weit und mühsam. Schon die geographische Lage von Eupen und St. Vith, der Deutschsprachigen Gemeinschaft, sind ein Kuriosum, das nur geschichtlich zu erklären ist. Eupen und

Blick auf die Eupener Unterstadt

St. Vith sind geographisch völlig isoliert voneinander und werden durch das französischsprachige Gebiet von Malmedy getrennt, mit dem gemeinsam sie allerdings zur französischsprachigen Region Wallonie gehören. Allerdings grenzen beide Landesteile im Osten an Deutschland: Eupen an Nordrhein-Westfalen, St. Vith an Rheinland-Pfalz. So bestehen naturgemäß sehr enge familiäre, wirtschaftliche und kulturelle Verbindungen über die Grenze hinaus. Für die Bewohner des dicht besiedelten Eupener Landes ist die nahe Stadt Aachen wichtig als Arbeitsplatz und Einkaufszentrum. Zwischen Eupen und Aachen gibt es

Der Sprachenstreit treibt seltsame Blüten.

schon lange eine regelmäßige Busverbindung im Rahmen des regionalen öffentlichen Personennahverkehrs und des ihn tragenden Verkehrsverbundes.

Beim Wiener Kongress Anfang des 19. Jahrhunderts wurde bestimmt, dass das damals gebildete Großherzogtum Luxemburg, das in Personalunion mit den Niederlanden regiert wurde, das Gebiet von St. Vith an Preußen abgeben musste. Die Niederlande, deren südlicher Teil sich 1830 als Königreich Belgien selbstständig machte, verloren ihrerseits das Gebiet von Eupen an Preußen. Zusammen mit dem ebenfalls preußisch gewordenen Gebiet von Malmedy, das bis dahin Teil der Reichsabtei Stavelot-Malmedy gewesen war und bis heute fast rein französischsprachig ist, bildeten Eupen, Malmedy und St. Vith bis 1920 drei preußische Landkreise. Dabei gab es auf preußischer Seite durchaus Überlegungen den Landkreis Eupen und den östlich gelegenen Landkreis Monschau, damals noch Montjoie, miteinander zu verbinden. Möglicherweise gingen darauf jene belgischen Pläne zurück, nach 1945 den deutschen Landkreis Monschau für sich zu reklamieren.

Der Versailler Vertrag jedenfalls schlug Eupen, Malmedy und St. Vith Belgien zu. 1940 besetzte Deutschland Belgien und annektierte die drei so genannten Ostkantone, 1945 wurden die Gebiete wieder belgisch. Das nördlich im Dreiländereck von Belgien, Deutschland und Niederlande gelegene Gebiet von Eupen ist flächenmäßig das kleinere der beiden Teilstücke der heutigen Deutschsprachigen Gemeinschaft. Die Bewohner sprechen ein Deutsch, das stark vom Niederdeutschen gefärbt ist. Dagegen klingt im Dialekt der Bewohner des St. Vither Gebietes bereits das Moselfränkische des nahen Luxemburg an.

Im Gegensatz zum stärker industrialisierten Eupener Land ist das St. Vither Gebiet weitgehend ländlich strukturiert. Doch für beide Gebiete spielt der Fremdenverkehr heute als Wirtschaftsfaktor eine herausragende Rolle. Dabei spricht es für das gute Verhältnis der Deutschsprachigen zu ihren wallonischen Nachbarn, dass das in St. Vith angesiedelte Verkehrsamt der Ostkantone, die übergeordnete Fremdenverkehrsstelle der Deutschsprachigen Gemeinschaft, die französischen Gemeinden des Gebietes von Malmedy mitbetreut.

Es gab sogar Überlegungen der französischsprachigen Gemeinden Bevercé und Waimes des Malmedier Gebietes sich der Deutschsprachigen Gemeinschaft anzuschließen. Angesichts des komplizierten Gefüges der Gemeinschaften, Gebiete und Regionen und der darin enthaltenen Kompetenzverteilungen hätte ein solcher Schritt die innerbelgische Balance aber wohl zu sehr aus dem Gleichgewicht gebracht.

Eupen, Kelmis, Lontzen und Raeren, St. Vith, Büllingen, Bütgenbach, Amel und Burg-Reuland sind die neun Gemeinden der Deutschsprachigen Gemeinschaft. Für sie stehen die neun stilisierten blauen Blumen, die den roten limburgischen Löwen, Hinweis auf die einstige Zugehörigkeit Eupens zum zeitweise habsburgischen Herzogtum Limburg, im Wappen und auf der Flagge der Deutschsprachigen Gemeinschaft umgeben.

Als verständliche Folge des Zweiten Weltkriegs, in dem Deutschland als Aggressor gegenüber Belgien aufgetreten war und die Ostkantone annektiert hatte, gab es zunächst auf belgischer Seite starke Tendenzen, die französische Sprache in den Gebieten von Eupen und St. Vith zu fördern. Das stieß allerdings schon sehr bald auf den erbitterten Widerstand vor allem der Ortspfarrer. Sie machten sich Sorge um den deutschsprachigen Schulunterricht. Belgien erkannte aber bald die Chance, die sprachlichen Probleme seiner deutschsprachigen Bewohner in größerem Rahmen zu lösen. Das sollte in einer Reform geschehen, die den leidigen, als belgische Krankheit bekannten Sprachenstreit zwischen den beiden großen Volksgruppen des Landes, Flamen und Wallonen, lösen sollte.

Zwischen 1970 und 1993 führte man eine Staatsreform durch, als deren Folge sich Belgien heute als ein höchst kompliziertes Gebilde präsentiert. In diesem Gebilde deckt die Deutschsprachige Gemeinschaft das gesamte deutschsprachige Gebiet innerhalb der Region Wallonie ab.

Wie Flamen und Wallonen haben auch die deutschsprachigen Belgier ihr eigenes Parlament, den 25-köpfigen Rat der Deutschsprachigen Gemeinschaft. Er wird alle fünf Jahre gewählt, und zwar jeweils am Tag der Wahlen zum Europaparlament, und beruft eine eigene Regierung. Der Kleinheit der Gemeinschaft angemessen besteht die

Am Eupener Kaperberg thront der Rat der Deutschsprachigen Gemeinschaft. In naher Zukunft beabsichtigt der Rat den Umzug in größere Räumlichkeiten.

Regierung (vorerst) nur aus drei Personen: dem Ministerpräsidenten (in der Regel als Minister für Finanzen, internationale Beziehungen und Tourismus zuständig) sowie zwei weiteren Ministern. Die Zuständigkeiten dieser Amtsträger spiegeln die breite Palette der Aufgaben, die die belgische Verfassung der Deutschsprachigen Gemeinschaft zuweist. Auf diesen Gebieten hat die Gemeinschaft durch ihren Rat die alleinige Gesetzgebungsbefugnis. Diese geht so weit, dass entgegenstehende gesamtstaatliche Gesetze zurückstehen müssen.

Als besonders wichtig sieht man in Eupen natürlich die Tatsache an, dass die deutschsprachigen Belgier, die sich ausdrücklich als Belgier deutscher Sprache zu ihrem König und zu ihrem Königreich bekennen, eine völlig eigenständige Kulturpolitik betreiben können. Schul-, Verwaltungs- und Gerichtssprache sind Deutsch. Doch gerade im Hinblick auf Deutsch als Gerichtssprache leistet sich Belgien einen geradezu unerhörten Luxus, anders kann man das kaum bezeichnen.

Völlig unabhängig von den heute festgeschriebenen Rechten der deutschsprachigen Belgier wurde bereits in einem Gesetz vom 15. Juni 1935, dem Gesetz über den Gebrauch der Sprache im Gerichtswesen, bestimmt, dass jeder Deutschsprachige, also nicht nur deutschsprachige Belgier, sondern auch Deutsche, Österreicher, Schweizer,

Luxemburger oder Südtiroler, die irgendwo in Belgien in ein Strafverfahren verwickelt werden, das Recht hat zu verlangen, dass sein Prozess in deutscher Sprache geführt wird.

Ganz gleich, ob ein solches Verfahren also irgendwo im niederländischsprachigen Flandern, in der französischsprachigen Wallonie oder aber in den Ostbelgien anhängig ist, muss es dann an das deutschsprachige Strafgericht in Eupen abgegeben werden.

Berufungen gegen Urteile des deutschsprachigen Eupener Strafgerichtes gehen an eine eigene deutschsprachige Kammer beim Appellationsgericht in Lüttich. Sollte in einem Extremfall, etwa wegen Befangenheit, es nicht möglich sein, ein deutschsprachiges Gerichtsgremium einschließlich eines deutschsprachigen Staatsanwaltes zu bilden, geht der Prozess zwar an eine französische Kammer. Dem Angeklagten wird dann aber nicht nur ein Dolmetscher gestellt, sondern es werden für ihn auf Staatskosten, die er im Falle der Verurteilung nicht tragen muss, Übersetzungen aller entstehenden und anfallenden Schriftstücke angefertigt.

Eine besondere Stärkung der eigenen Stellung für die deutschen Belgier ist es, dass ihre Regierung in Eupen internationale Verträge abschließen kann, wenn auch nur über Fragen, die in die Zuständigkeit der Autonomie fallen.

So ergaben sich rasch Kontakte zu den benachbarten deutschen Bundesländern Nordrhein-Westfalen und Rheinland-Pfalz, aber auch zu Südtirol, mit dem es eine besonders enge Zusammenarbeit gibt.

Fest eingebunden ist die Deutschsprachige Gemeinschaft heute in die Euregio des Rhein-Maasgebietes. Und an den jahrelangen Verhandlungen und Beratungen über die Rechtschreibreform der deutschen Sprache nahmen die Vertreter aus Eupen gleichberechtigt neben denen aus Bonn, Berlin, Wien, Bern und Bozen teil.

Die besondere Qualität des Status der deutschsprachigen Belgier hat sich inzwischen überall herumgesprochen. Immer wieder kommen politische Vertreter anderer nationaler Minderheiten aus den verschiedenen europäischen Ländern, vor allem aus den jungen Demokratien Osteuropas nach Eupen.

Sie wollen hier Anregungen bekommen, um die eigene Minderheitenposition zu stärken und auszubauen oder Mut für die eigenen Bemühungen zu erhalten.

Von Preußen wollte man nichts wissen

Im Jahre 648 gründete der heilige Remaklus am Zusammenfluss von Warche und Warchenne das Benediktinerkloster Malmundiarum. Zusammen mit dem kurz zuvor 12 Kilometer entfernt von ihm ins Leben gerufenen Kloster Stavelot, der ersten Benediktinerabtei nördlich der Alpen, wurde Malmundiarum-Malmedy mehr als 1000 Jahre lang unter jeweils einem Abt als Doppelkloster geführt. Dabei hat Malmedy allerdings immer ein wenig im Schatten des größeren Stavelot gestanden. Immerhin: Die Doppelabtei und damit auch das sich allmählich entwickelnde Städtchen Malmedy am Fuße des Hohen Venns waren ein kleines, aber einflussreiches reichsunmittelbares geistliches Fürstentum. Erst die Französische Revolution löste die Doppelabtei auf. Nach dem Wiener Kongress kam Malmedy, inzwischen ein wichtiges Zentrum der Leder- und Papierindustrie, mit Eupen und St. Vith an Preußen, nach dem ersten Weltkrieg an Belgien.

Im Gegensatz zu den fast rein deutschsprachigen Gebieten von Eupen und St. Vith ist Malmedy ein touristischer Mittelpunkt in den Ostkantonen.

Während des so genannten Kulturkampfes in der preußischen Ära des 19. Jahrhunderts war Malmedy ein Hort der Unbotmäßigkeit gegen Preußen und des wallonischen kulturellen Selbstbehauptungswillens. Symbolfigur für den Widerstand gegen den preußischen Kulturzentralismus wurde der Pfarrer Pietkin, der daraufhin von den Preußen in das Venndorf Sourbrodt strafversetzt wurde. Wie sehr das Wallonische gegenüber dem

Zahlreiche Terrassen laden in Malmedy auf der „Place Albert Ier" zur Einkehr ein.

Französischen eine eigene, stark von keltischen und natürlich auch französischen Worten durchsetzte Sprache ist, kann man schon an den zweisprachigen Straßenschildern in Malmedy sehen. Sie sind in wallonisch und französisch gehalten. Auch der weite Marktplatz mit dem Brunnenobelisken von 1781 ist etwas typisch Wallonisches.

Im Dezember 1944 wurde Malmedy durch amerikanische Bomben weitgehend zerstört. Nur wenige alte Häuser der Stadt, die sich in den letzten Jahrhunderten einen Namen durch ihre Tuchindustrie, ihre europaweit berühmten Gerbereien und die Papierfabrikation gemacht hatten, blieben erhalten.

1775, kurz vor Ausbruch der Französischen Revolution, war die alte Abteikirche zu klein geworden und musste abgerissen werden. An ihrer Stelle steht die heutige Pfarrkirche, die den Heiligen Petrus, Paulus und Quirin geweiht ist und mit ihren kuppelgekrönten Doppeltürmen zu einem Wahrzeichen von Malmedy wurde. Von den übrigen Abteigebäuden ist nichts mehr erhalten.

Belle-Croix, das Geheimnis des Sühnekreuzes

Belle-Croix, „schönes Kreuz“, heißt eine der markantesten Wegegabelungen im Hohen Venn an der Venn- und Seenroute. Da, wo die von Eupen nach Malmedy ziehende Straße mit der von Verviers heraufkommenden zusammentrifft, schaut man weit über das offene Vennland an seiner westlichen

Belle-Croix, das schöne Kreuz auf dem Hohen Venn

Abdachung. Bis zu den Abraumhalden der Kohlezechen von Lüttich geht bei klarem Wetter der Blick, ebenso wie über das Aachener Becken bis zum Dreiländerpunkt im Aachener Wald, wo die Grenzen von Deutschland, Belgien und der Niederlande zusammentreffen.

Unübersehbar steht im nördlichen Winkel dieser Straßengabelung ein mächtiges, mehr als 5 Meter hohes massives Kreuz, flankiert von zwei Kalksteintafeln, auf denen die Umrisse einer Hütte und eines neueren, moderneren Hauses zu erkennen sind. Sie erzählen die Geschichte dieses Platzes im Hohen Venn, eine Geschichte, um die sich ein bis heute geheimnisvoll gebliebenes Geschehen rankt.

Bis 1940 stand an der Stelle des Kreuzes ein Haus – das damals weithin bekannte Maison du Sabotier. Dieses „Klumpenmacherhaus" war bis um die Jahrhundertwende vom 19. zum 20. Jahrhundert eine Gastwirtschaft, in der Reisende auch Unterkunft für die Nacht fanden.

Adolf François hieß der Klumpenmacher, also Holzschuhschnitzer, der 1875 hier eine bescheidene Hütte baute und sie mit seiner Familie bezog. Man weiß heute nicht mehr, woher der Klumpenmacher gekommen war und warum er sich in der damaligen Einöde des Hohen Venns am Rande der 1856 fertig gewordenen Landstraße von Eupen nach Malmedy ansiedelte. Vielleicht glaubte er, vom aufblühenden Verkehr auf der Straße ein wenig profitieren zu können, indem er den Reisenden Kost und Logis anbot und ihnen wohl auch seine „Klumpen", die Holzschuhe, verkaufen zu können hoffte.

Das mysteriöse Geschehen, auf das sich die Bildtafeln beim heutigen Belle-Croix beziehen, ereignete sich 1877. Damals wurde anstelle eines dürftigen Karrenweges die Landstraße von Jalhay zum Hohen Venn gebaut, die beim Klumpenmacherhaus die Eupener Straße erreichte.

Adolf François witterte vielleicht noch bessere Geschäfte durch den nunmehr sicherlich steigenden Verkehr und begann mit dem Bau eines neuen, größeren Hauses. Als der Rohbau für dieses neue Wohn- und Geschäftshaus des Klumpenmachers gerade fertig war, fanden die Bauarbeiter, die während ihrer Tätigkeiten unter der Woche in einer schlichten Bauhütte lebten, am Morgen ein auffallend schön geschnitztes Holzkreuz, das ein Unbekannter in der Nacht vor die Hütte gelegt hatte. An die Tür der Bauhütte hatte er die Worte geschrieben: „Mon Dieu, si je vous ai offensé, pardonnez moi!" (Mein Gott, wenn ich dich verletzt habe, vergib mir). Es ist nie bekannt geworden, wer diesen Satz an die Bauhütte geschrieben und wer das Kreuz dort niedergelegt hatte. Auch welche Last die Seele des Unbekannten bedrückte, hat man nie erfahren.

Als kurz darauf der Neubau des Maison du Sabotier fertig war, brachte der Klumpenmacher das schöne Kreuz des Unbekannten an der Außenwand seines Hauses an.

Kurze Zeit später baute François sein Haus zu einer Relais-Station der preußischen Post zwischen Eupen und Malmedy aus, obwohl es auf belgischem Territorium stand. Nun gab es noch mehr Gäste. Viele von ihnen kamen immer wieder, und sehr bald hatte sich für die Relais-Station des Klumpenmachers der Name „Auberge de Belle-Croix", Herberge zum Schönen Kreuz, eingebürgert.

Die Blütezeit dauerte allerdings nicht lange. 1886 wurde der Postdienst auf der Strecke eingestellt, da inzwischen die Eisenbahn von Aachen nach Malmedy in Betrieb genommen worden war. Doch Fuhrleute und Wanderer, die allmählich immer häufiger ins Venn kamen, blieben der Herberge treu.

Der gute Ruf des Hauses war dann plötzlich dahin, als im Oktober 1900 der Sohn des Klumpenmachers, Theodor, in einen Mord an einem Förster verwickelt war. Man konnte ihm zwar die Beteiligung an dem Verbrechen nicht nachweisen, doch wegen Beraubung des Opfers wurde der junge François zu vier Jahren Gefängnis verurteilt. Diese Tat seines Sohnes hat den alten Klumpenmacher so hart getroffen, dass er seine Wirtschaft arg vernachlässigte. Es ging rapide bergab mit der „Herberge zum Schönen Kreuz." 1906 gab François auf und zog weg, sein Haus wurde in ein Forst- und Jagdhaus umgewandelt. 1912 brannte das Anwesen völlig ab. Wieder aufgebaut als Jagdhaus war es nur noch sporadisch bewohnt, wurde mehrfach geplündert und war 1918 total verfallen.

Dann fiel das Gebiet ganz an Belgien und das einstige Klumpenmacherhaus kam in den Privatbesitz des belgischen Königs, der es als Jagdhaus vermietete.

Schon 1936 wurde die über das Hohe Venn führende Straße völlig vermint, und als am 12. April 1940 die Straßengabelung gesprengt wurde, flog die einstige „Herberge zum Schönen Kreuz" gleich mit in die Luft. Vom Klumpenmacherhaus blieb nur noch ein Trümmerhaufen.

Lange Zeit hat noch ein schlichtes Kreuz aus kleinen Tannenstämmen die Stelle markiert, an der das Haus einst gestanden hat.

1961 ließ die belgische Vereinigung der Amis de la Fagne (Freunde des Venns) das große Kreuz mit den beiden steinernen Bildtafeln an der Stelle der einstigen „Auberge de Belle-Croix" errichten.

Auf der linken Tafel ist die Bauhütte zu sehen, mit dem bei Nacht niedergelegten schönen Kreuz, nach dem heute noch die Straßengabelung ihren Namen hat, auf der rechten Seite steht das neu gebaute Klumpenmacherhaus von 1878.

In den Hauptbalken des Kreuzes ist derselbe Satz eingraviert, den einst der Unbekannte an die Tür der Bauhütte geschrieben hatte.

DIE VENN- UND SEENROUTE IM ÜBERBLICK

143 Kilometer lang ist die Venn- und Seenroute, die immer dann, wenn sie durch französischsprachiges Gebiet führt, „Route Fagnes et Lacs" heißt. Sie verbindet die wichtigsten Sehenswürdigkeiten des Hohen Venns, des Hertogenwaldes und der ostbelgischen Talsperren.

Wo man einsteigt in diese Route, ist letztlich gleichgültig, da sie ein Rundkurs ist. In der Regel gilt Malmedy als Ausgangs- und damit auch Endpunkt der Route. Einige Kilometer führt sie auch durch Deutschland, durch die beiden Dörfer Mützenich und Kalterherberg, Stadtteile der deutschen Stadt Monschau.

Malmedy: Im Inneren der Kirche sollte man sich die Madonna des Lütticher Bildhauers Delcourt aus dem 18. Jahrhundert und den vergoldeten, holzgeschnitzten Reliquienschrein des heiligen Quirin von 1689 anschauen.

Das Heimatmuseum, Place de Rome, enthält eine Abteilung über die Geschichte der Papierherstellung und eine über den „Cwarmé". Hinter diesem wallonischen Wort verbirgt sich der berühmte Malmedyer Karneval, in dessen Umzug am Karnevalssonntag noch immer Erinnerungen an die Zeit der Doppelabtei lebendig sind.

Cwarmé-Museum und Museum der Papierindustrie, Place de Rome 11, B–4960 Malmedy, Tel.: 0032-80-337058.

Lecker in Malmedy: Omelett aus 10.000 (!) Eiern in einer Pfanne von 4 Metern Durchmesser, alljährlich Mitte August zubereitet; Baisers von Malmedy.

Infos: Office du Tourisme
Place du Châtelet 10, B–4960 Malmedy,
Tel.: 0032-80-330250,
Fax: 0032-80-770588.

Botrange: Mit der 6 Meter hohen Butte Baltia höchster Punkt der Ardennen und des Königreiches Belgien; großartige Aussicht vom Turm (Signal de Botrange).

Aussichtspunkt: Gegenüber dem Turm auf der Botrange führt ein Waldweg etwa 100 Meter zu einer Aussichtsplattform, von der aus der umfassendste Rundblick über das Hohe Venn geht.

Naturparkzentrum Botrange (Centre Nature): Hier oben ist nicht nur ein Mittelpunkt des sommerlichen Wandertourismus und der winterlichen Langlauffreuden im Hohen Venn, wozu man übrigens u.a. an der Botrange Langlaufskier ausleihen kann, es wurde angesichts des Besucherandrangs im Venn gleich unterhalb der Botrange ein Informationszentrum für den belgischen Naturpark Hohes Venn–Eifel geschaffen, der heute Teil des deutsch-belgischen Naturparks ist. Die Französische Gemeinschaft Belgiens hat dieses Naturparkzentrum nach dem Vorbild der Informationszentren in den Nationalparks der USA oder des Nationalparks Bayerischer Wald in Deutschland gestaltet. In diesem Zentrum kann man nicht nur jede Art von Informationsmaterial über den Naturpark bekommen, es finden auch regelmäßig Ausstellungen zu Themen statt, die mit dem Naturpark verbunden sind.

Infos: Route de Botrange 131
B–4950 Robertville,
Tel.: 0032-80-440300,
Fax: 0032-80-444429,
www.ful.ac.be/hotes/cnatbotrange/de/
E-Mail:
botrange.centrenature@skynet.be

Mont Rigi: Wanderung auf dem ausgeschilderten Lehrpfad durch das Polleur-Venn, der auch begangen werden darf, wenn die anderen Venngebiete wegen Brandgefahr oder aus Vogelschutzgründen während der Brutzeit nicht durchwandert werden dürfen.

Baraque Michel: Altes Gasthaus des Schneiders Michel Schmitz von 1808; Kapelle Fischbach, höchstgelegene Kapelle Belgiens. Wanderung von Baraque Michel 800 Meter weit zur Fontaine Périgny, Quelle der Hill mit fantastischer Aussicht über das Hohe Venn.

Aufgepasst: Wenn an den Zugangswegen ins Venn rote Fahnen aufgezogen sind, vor allem im Frühjahr, ist selbst das Betreten der festen Wanderwege wegen Brandgefahr verboten!

Wanderungen durch das Hohe Venn: Geführte Wanderungen durch das Hohe Venn, auch C-Zone, organisiert und leitet für Einzelpersonen und Gruppen
Guide Nature C. Wendt, Am Grindel 1
D–52156 Monschau
Tel.: 0049-2472-7061
Fax: 0049-2472-1276
E-Mail: pressebuerowendt@aol.com

Außerdem werden regelmäßig Vennwanderungen für Gruppen angeboten durch die Naturkundliche Bildungsstätte Haus Ternell, Eupen (siehe unten) und durch das Naturparkzentrum Botrange (siehe oben).

Eupen: Pfarrkirche St. Nikolaus des Aachener Baumeisters Mefferdatis von 1726 am Markt; Klosterkirche, heute Rathaus, am Rathausplatz; Heimatmuseum, Gospertstraße 52; Schokoladenmuseum Chocolaterie Jacques, Industriestraße.

Wesertalsperre mit Wasserlehrpfad:
Infos: Tourist Info, Marktplatz 7
B–4700 Eupen,
Tel.: 0032-87-553450; 0032-87-226539,
E-Mail: touristinfoeupen@skynet.be

Naturzentrum Haus Ternell mit Forstzoologischem Museum, B–4700 Eupen, Ternell 2–3 (an der Nationalstraße nach Monschau), Tel.: 0032-87-552313
Fax: 0032-87-558160,
www.naturzentrumternell-crieeupen.be
E-Mail: haus-ternell@pi.be
Reichenstein: restaurierte Klosterkirche aus dem 17. Jahrhundert.

Sourbrodt: Pietkindenkmal.

Robertville: Warchestausee von Robertville mit Badeanstalt und Bootsverleih; Burg Metternich-Reinhardstein, Zugang vom Staudamm aus oder vom nahen Dorf Ovifat.

Burg Reinhardstein: Sie ist einerseits die höchstgelegene Burg Belgiens, andererseits die einzige noch oder besser gesagt wiederbewohnte mittelalterliche Burg in den Ostkantonen.

Infos: Burg Reinhardstein
B–4950 Robertville
Tel.: 0032-80-446868

Bütgenbach: Überreste der Burg; Warchetalsperre Bütgenbach mit Wassersportzentrum Worriken; im Tal der Amel zwischen Bütgenbach und Nidrum im April reiche Blüte der wilden gelben Narzissen!

Infos: Worriken, B–4750 Bütgenbach,
Tel.: 0032-80-446358
Fax: 0032-80-447089

Montenau (Gemeinde Amel): Schinkenräucherei, B–4770 Amel, Montenau,
Tel.: 0032-80-349586
Fax: 0032-80-340028

Lecker: Forellen aus Ligneuville; Schinken aus Montenau.

TIPP

Gute Adressen am Wegesrand

ROBERTVILLE: Hotel des Bains mit Gourmetrestaurant
Lac de Robertville 2
B–4950 Robertville
Tel.: 0032-87-679571
Fax: 0032-87-678143
E-Mail: hotel.bains@online.be
Die Inhaberin, Josée Solheid ist eine von vier belgischen Küchenchefinnen, die als Frau mit dem begehrten Titel „Maître Cuisinier“ ausgezeichnet wurde!

JALHAY: Hotel-Restaurant Baraque Michel
B–4845 Jalhay
Tel.: 0032-87-444801
Fax: 0032-87-445665
Das urgemütliche Haus mit sehr guter Küche liegt mitten im Hohen Venn an der Straße Eupen–Malmedy.

MALMEDY: Hostellerie Trôs Marets
Route de Trôs Marets 2
B–4960 Malmedy
Tel.: 0032-80-337917
Fax: 0032-80-337910
www.horest.be/pages/us/hotels/94.htm

Weitere Informationen gibt es beim Verkehrsamt der Ostkantone,
Mühlenbachstraße 2, Postfach 66
B–4780 St. Vith
Tel.: 0032-80-227664
Fax: 0032-80-226539
www.eastbelgium.com
E-Mail: info@eastbelgium.com

Die Quellenroute (Route des Sources)

Lüttich - Goldenes Herz in schwarzer Schale

Mit Lüttich ist das so eine Sache. Die Stadt, in deren Vorort Jupille nicht nur eines der bekanntesten Biere Belgiens gebraut wird, sondern möglicherweise auch Karl der Große geboren wurde (oder seine Mutter, oder seine Ehefrau Fastrada – so genau weiß man das nicht), erschließt sich dem Besucher nicht leicht. Allzu schnell entsteht im Vorbeifahren auf der Autobahn der Eindruck von einer hässlichen Industriestadt. Halden, Schlote und Werksanlagen prägen den ersten Eindruck von einer der größten Städte in der Wallonie, der Stadt, die gerne als Einfahrtstor zu den Ardennen bezeichnet wird. Erinnert man sich dann noch, dass Lüttich als erste Stadt des Kontinents ihre Steinkohlenvorkommen bergmännisch abbauen ließ und die Stadt seit dem 19. Jahrhundert eine der größten Waffenschmieden Europas war, ist ein (Vor-)Urteil schnell gefällt.

Auch ein Blick von der Zitadelle herab – so schön er ist –, bringt nicht viel. Man sieht eine Vielzahl von Kirchen und modernen Hochhäusern, vor allem auf dem linken Maasufer, doch das eigentliche Bild einer gewachsenen alten Stadt sucht man vergeblich. Zu gründlich hat der Burgunderherzog Karl der Kühne 1468 die Stadt zerstört. Nichts blieb damals, außer den Kirchen.

Diese Niederlage gegen die Burgunder ist einer der dunkelsten Punkte in der Geschichte der Stadt. Denn seit im Jahre 980 Kaiser Otto I. den Lütticher Bischof Notker zum Reichsfürsten erhob, hatten es die Fürstbischöfe meisterlich verstanden, durch Jahrhunderte hindurch eine vom Reich unabhängige Politik zu betreiben, die auch fast immer von den Nachbarn respektiert wurde. Von Lüttich aus wurde ein Gebiet regiert und beherrscht, das halb so groß war wie das heutige Belgien. Erst die Stürme im Zuge der Französischen Revolution machten dem ein Ende.

Ehemaliger fürstbischöflicher Palast in Lüttich

Ein Erlebnis der besonderen Art: Die berühmten Treppen der „Montagne de Bueren"

Sobald der Besucher in die Stadt kommt, am besten zu Fuß, revidiert er jedoch das Bild schnell. Die Maasmetropole entpuppt sich als eine Schatzkammer, die reich an kostbaren Kirchen und Museen ist und als elegante Einkaufsstadt, als Stadt der Kultur mit Theater, Oper und Museen, als goldenes Herz sozusagen in einer schwarzen Schale, voll von pulsierendem und originellem Leben.

Da ist zum Beispiel der Markt "La Batte", der sich jeden Sonntagmorgen kilometerlang auf den Boulevards an der Maas entlangzieht. Hier kann man alles Erdenkliche kaufen – von frischen Lebensmitteln über lebendes Kleinvieh bis hin zu ausrangierten Karussellpferdchen. In den zahlreichen Kneipen entlang des Marktes können sich Markthändler und -besucher - je nach Jahreszeit - aufwärmen und erfrischen.

Äußerlich mit einer prächtigen Barockfassade aus dem 17. Jahrhundert präsentiert sich das fürstbischöfliche Palais, einst Residenz des Fürstbischofs, heute Sitz der Provinzialverwaltung und der Justizverwaltung. Geht man durch die Einfahrt, kommt man nacheinander in zwei wunderschöne Innenhöfe, wobei der erste leider wochentags durch parkende Autos entstellt und der zweite nur innerhalb der Woche zugänglich ist.

Auf der Place Lambert vor dem Palast haben jahrelang die Archäologen gegraben und nach den Überresten jener Lambertuskathedrale geforscht, die durch französische Revolutionstruppen zerstört wurde. Heute ist die gotische Paulskathedrale die Bischofskirche von Lüttich. Eine Kostbarkeit darin ist der Kirchenschatz mit dem Reliquienschrein des heiligen Lambertus; berühmt ist auch die goldene Figurengruppe mit dem heiligen Georg und Karl dem Kühnen. Der Burgunderherzog schenkte sie der Stadt als Sühne dafür, dass er sie 1468 dem Erdboden gleichgemacht hatte. Sieben Wochen lang war es damals den Überlebenden verboten gewesen die Brände zu löschen. Erst nach acht Jahren wurde es ihnen erlaubt, die Stadt wieder aufzubauen.

La Batte: In Scharen kommen die Besucher, um einen der größten Märkte der Region zu besuchen.

Um die stolzen Lütticher, die im Mittelalter mit den Parisern und den Gentern zu den revolutionsfreudigsten Menschen in Europa gehört haben sollen, besonders zu treffen, ließ Karl der Kühne den Perron, das Symbol der bürgerlichen Freiheiten Lüttichs, nach Brüssel transportieren. Nach seinem Tod gab seine Tochter, Maria von Burgund, Lüttich sein Wahrzeichen zurück. Es steht heute noch auf dem Markt vor der Fassade der altertümlichen, schmalgiebligen Häuser, von denen fast jedes eine Kneipe enthält.

Nach dem Vorbild des Aachener Oktogons ließ Bischof Notker im 10. Jahrhundert die Johanniskirche bauen. Ihr heutiges Aussehen bekam die Kirche im 18. Jahrhundert. In einer Seitenkapelle ist die Sedes Sapientiae zu bewundern, eine aus bunt bemaltem Eichenholz geschaffene gotische Madonna mit Kind, die als bedeutende kunstgeschichtliche Kostbarkeit Lüttichs gilt.

Nahe der Bartholomäuskirche mit ihrem Taufbecken des Renier von Huy (siehe Seite 51-52) führt die Montagne de Bueren, eine Treppe mit fast 400 Stufen, auf die Höhe zur Zitadelle. Von dort gibt es einen schönen

Blick in die Täler von Maas und Ourthe, in die Lüttich eingebettet ist. Jenseits der Maas liegt der Stadtteil Outremeuse, jenes Herz Alt-Lüttichs, dessen Bewohner seit jeher im Ruf standen, besonders unbotmäßig und aufrührerisch zu sein. Hier muss man dem Tschantschès nachspüren, dem Lütticher Original. Der wallonische Eulenspiegel tritt zusammen mit seiner griesgrämigen Ehefrau Nanesse sonntags als Marionette im Puppentheater auf. Dieses Marionettentheater, dessen Aufführungen im Tschantschès-Museum stattfinden, schöpft im Übrigen noch immer aus der großen Geschichte der Stadt; es lebt von den Haymonskindern und Karl dem Großen, von Genoveva von Brabant bis hin zu Napoleon.

Ein kaiserliches Bezirksgericht in Lüttich

Mit Abstand ist das Museum des Wallonischen Lebens in Lüttich das bestausgestattete und sehenswerteste Volkskundemuseum weit und breit. Mit rund 350.000 Exponaten aus allen Bereichen des täglichen Lebens gibt es einen umfassenden Überblick über den Alltag der Menschen im französischsprachigen Teil Belgiens mit seinen unterschiedlichen Wirtschaftsstrukturen und geschichtlichen Grundlagen.

Ein Blick in die Bauernstube des Volkskundemuseums

So reicht die Palette der behandelten Themen von der Landwirtschaft – zu der Tabakanbau im südlichen Belgien einst ebenso zählte wie der Weinbau im Maastal zwischen Namur und Visé – über die Forstwirtschaft, das Leben und Arbeiten der Köhler in den Ardennenwäldern oder die schwere Arbeit in den Schieferbrüchen – wo zum Teil heute noch Dachschiefer gewonnen wird – bis hin zum Steinkohlenbergbau oder der Waffenherstellung.

Wie es in den Häusern und Stuben, den Werkstätten oder Ställen in den wallonischen Dörfern oder Städten im 19. Jahrhundert vornehmlich ausgesehen hat, wird in zahlreichen kleinen Abteilungen, meist in Form getrennter Kammern, anschaulich dargestellt. Dass sich die Armut einer Korbflechterfamilie natürlich auch im Mobiliar ihrer Wohnstube ausdrückte, wird dabei ebenso deutlich wie der Wohlstand großer Bauern im so genannten Condroz, der Landschaft am Rande der Ardennen.

Die vielen verschiedenen Sitten und Bräuche im Jahreslauf werden besonders anschaulich gemacht, ist doch das Erste, was der Besucher im Museum sieht, eine Gruppe prächtiger Karnevalsge-

Marionetten im Museum des Wallonischen Lebens in Lüttich

stalten. Karneval in den verschiedensten Formen ist typisch für das kulturelle Leben der Wallonen, und so wird auch der besonders ausgeprägten Formen des Karnevals von Malmedy, Stavelot oder Binche gedacht. Neben den Karnevalsmasken fallen die vielen Marionetten auf. Sie machen deutlich, wie wichtig den Wallonen das Spiel mit den großen Puppen war – und heute noch etwa im Tschantschès-Theater in Lüttich ist.

Neben umfangreichen Sammlungen zum Thema Religion fehlt auch die Abteilung Rechtswesen nicht. Dabei fällt nicht nur eine echte Guillotine nebst dem dazugehörigen Berichtsbuch auf, das der Henker seinerzeit führen musste, sondern auch eine große Tafel, die unter dem deutschen Reichsadler die Inschrift „Kaiserliches Bezirksgericht Lüttich“ zeigt. Ein solches Gericht hat es zwischen 1914 und 1918 im damals deutsch besetzten Lüttich gegeben.

Eingerichtet ist das Museum auf mehreren Etagen im einstigen Minoritenkloster, dessen spätmittelalterlicher Kreuzgang für sich allein schon sehenswert ist. Ein besonderer Raum ist der wallonischen Sprache gewidmet, die früher im gesamten Bereich des französischsprachigen Belgien verbreitet war, heute aber vor allem im Raum Lüttich und Malmedy noch lebendig ist. Dabei erfährt man, dass es zahlreiche, zum Teil recht unterschiedliche wallonische Dialekte gibt, vor allem aber, dass das Wallonische selbst nicht etwa ein Dialekt ist, sondern eine eigenständige romanische Sprache. Die Tatsache, dass ein wallonisch-französisches Wörterbuch zu sehen ist, sagt darüber eigentlich alles.

Das Wunder von Lüttich

Wunder bekommt man nicht oft zu sehen. In Lüttich kann man allerdings etwas bestaunen, was vor 25 Jahren sozusagen offiziell zum Wunder erklärt wurde – zu einem von sieben Wundern Belgiens. 1978 stellte eine Kommission von Kunsthistorikern im Auftrag des damals noch für ganz Belgien zuständigen Generalsekretariats für den Fremdenverkehr die nach ihrer Ansicht sieben bedeutendsten und wertvollsten mittelalterlichen Kunstwerke Belgiens unter dem Motto „Sieben Wunder Belgiens“ zusammen. An erster Stelle nannten sie das Taufbecken des Renier von Huy in der St. Bartholomäuskirche in Lüttich.

Das Taufbecken des Renier von Huy in der Bartholomäuskirche in Lüttich

Auch wer sich nicht sonderlich für mittelalterliche Kunstwerke interessiert, wird vor diesem Taufbecken zumindest bewundernd stehen und sinnieren, wie ein Künstler vor fast 900 Jahren eine solche Kostbarkeit schaffen konnte.

Das in einer Seitenkapelle der alten Kirche stehende bronzene Taufbecken, bei dessen Figurenschmuck die Taufe Christi durch Johannes im Mittelpunkt steht, wurde zwischen 1107 und 1118 wahrscheinlich im Auftrag des Bischofs von Lüttich durch den Goldschmied Renier aus der Maasstadt Huy gegossen. Es gilt seit langem als eines der ganz großen Werke der mittelalterlichen Kunst in Europa.

Leider ist das kostbare Werk nicht unversehrt aus dem Mittelalter überliefert worden. Bis 1793 stand es in der Kirche „Unserer Lieben Frauen Quellen“ in Lüttich. Als im Geiste der Revolution beschlossen wurde, die Kirche abzureißen, konnte das Taufbecken rechtzeitig in Sicherheit gebracht und schon 1804 wieder aufgestellt werden, diesmal in der Bartholomäuskirche. Der bronzene Originaldeckel indessen, der die Figuren der Apostel und Propheten trug, war inzwischen verschwunden. Ebenso gingen zwei der insgesamt zwölf bronzenen Ochsen verloren, auf denen das Kunstwerk ursprünglich stand. Trotz dieser Mängel gilt das Taufbecken immer noch als eines der wenigen von Menschenhand geschaffenen Kunstwerke, die für sich in Anspruch nehmen können, vollkommen zu sein.

Dem Verwendungszweck als Taufbecken entsprechend beziehen sich die plastischen Darstellungen auf diesem Taufbecken auf das Wasser als Symbol des Lebens – des ewigen Lebens. Wer sich in der geheimnisvollen Welt mittelalterlicher Symbole nicht auskennt, mag angesichts dieses Taufbeckens in Lüttich an das Alte Testament denken. Im Buch der Könige ist unter VII, 23–26 beschrieben, wie König David dem Bronzegießer Hiram Anweisungen gab, das himmlische Meer für den Tempel des Salomon zu gießen. Dort heißt es: „Er schuf das Meer in gegossenem Metall, zehn Ellen von Ufer zu Ufer, von kreisförmigem Umfang, fünf Ellen in der Höhe. Es ruhte auf zwölf Ochsen, drei waren gen Norden, drei andere gen Osten, drei nach Süden und drei hin zum Westen gerichtet. Das Meer wölbte sich über ihnen, und ihre Rückseiten wandten sich seinem Inneren zu.“ Berücksichtigt man die viel kleineren Maße einerseits und die neutestamentlichen Figuren andererseits, hätte König David bereits das Taufbecken des Renier von Huy in seiner Beschreibung meinen können.

Neues Leben im Café Europas

Das waren noch Zeiten, als Kaiser, Könige und sogar ein leibhaftiger Zar dem internationalen Kurleben in dem kleinen Ardennenbad Spa glanzvolle Lichter aufsetzten. Als mit dem Ende des Ersten Weltkriegs in Spa sozusagen die Lichter ausgingen und das „Café Europas“, wie man Spa damals liebevoll genannt hatte, für einige Jahrzehnte in die Bedeutungslosigkeit versank, hatte die Stadt in den Ardennen eine jahrhundertealte Tradition als internationaler Kurort hinter sich. Sie war eine Adresse gewesen, die durchaus neben Baden-Baden oder Karlsbad bestehen konnte.

Wann alles angefangen hatte in Spa und ob die Kelten schon von der Heilkraft der vielen Quellen in den Ardennenwäldern am Fuß des Hohen Venns wussten, ist nicht überliefert. Die Lokalsage, nie ohne ein Körnchen Wahrheit, schreibt die Entdeckung der Quellen dem heiligen Remaklus zu. Dieser Ardennenheilige hatte im 7. Jahrhundert im Bergland gewirkt und im nahen Stavelot die erste Benediktinerabtei nördlich der Alpen gegründet.

Vielleicht hat Remaklus, mehr ahnend als wissend, die Quellen schon als heilsam einordnen können, entdeckt hat er sie sicherlich nicht. Das haben andere getan, die viel, viel früher in den Wäldern am Wayaibach gewesen sind. Die Römer, immer auf der Suche nach heilendem Wasser, mit dem sie die vom Rheuma des keltischen Nordens geplagten Legionärsknochen kurieren konnten, waren bereits im heutigen Spa. Sie haben Spuren hinterlassen, Geräte, Werkzeuge, die man in Spas größtem Brunnen, dem Pouhon Pierre le Grand gefunden hat. Das Umweltbewusstsein der Eindringlinge aus dem Süden war wohl noch nicht besonders ausgeprägt, deshalb musste ein Brunnen, wie immer er damals gefasst war, als Abfallkübel herhalten. Plinius der Ältere, ein Römer, dem wir manchen hochinteressanten Bericht über Menschen und Länder von damals verdanken, berichtet in seiner „Naturgeschichte“ von Quellen in den Wäldern der Göttin Arduinna, deren Wasser voll von prickelnden Bläschen gewesen sei.

Eines Tages aber sind die Römer abgezogen, zurück in die wärmere Heimat. Die romani-

Das Kasino von Spa liegt im Herzen der Stadt.

sierten Kelten, die zurückblieben, hatten wohl nichts im Sinn mit dem Wasser voller prickelnder Bläschen. Spa versank jedenfalls für Jahrhunderte ins Dunkel der mittelalterlichen Geschichte.

Hieraus taucht es erst im 16. Jahrhundert wieder auf. Damals muss es ein kleiner Weiler mit Stroh gedeckten Hütten, einer Kirche und einem Brunnen mitten im Ort, dem heutigen Pouhon Pierre le Grand, gewesen sein. Sein Wasser holten die Hausfrauen von Spa zum Kochen und Trinken und um die Wäsche zu waschen.

Warum und wieso wissen wir nicht, aber eines Tages wurde in Lüttich ein gewisser Gilbert Lymborgh auf das Wasser von Spa aufmerksam. Der Mann wusste wohl, wovon er sprach, oder besser gesagt schrieb – in lateinisch, italienisch und spanisch –, war er doch als Hofarzt des Fürstbischofs ein Mann vom Fach. Lymborgh empfahl damals das Wasser in einer Abhandlung, die Folgen hatte. Es kamen plötzlich sehr viele Besucher nach Spa, was damals noch recht unbequem gewesen sein dürfte. Europa entdeckte das Strohdachdorf in den Ardennen und machte es hoffähig.

Im Laufe der Zeit kamen König Karl II. von England, Königin Christina von Schweden, König Louis Philippe von Frankreich, Zar Peter der Große von Russland, sogar Schah Nazer ed Din von Persien ins Ardennenbad. Der Name Spa wurde damals zum Synonym für einen Kurort schlechthin, sodass bis heute im angelsächsischen Sprachbereich das Wort „spa" gleichbedeutend mit Bad, mit Kurort und mit Heilwasser ist.

Dichter, Maler, Musiker wurden vom höfischen Leben, das sich in Spa entwickelte, angezogen. Alexandre Dumas und Victor Hugo gehörten zu den Künstlern, die Spa liebten und immer wieder hierherkamen, ebenso wie Charles Gounod und Jaques Offenbach. Den etwas fragwürdigen Höhepunkt seiner Karriere erlebte Spa gegen Ende des Ersten Weltkriegs. Von März bis November 1918 hatte sich hier das deutsche Hauptquartier niedergelassen: Der Kronprinz hielt sich hier auf, und auch der Kaiser wohnte in Spa. Hier und nicht in Berlin unterzeichnete Wilhelm II. seine Abdankung. Von Spa aus ging er nach Hoorn, nach Holland ins Exil.

Vom deutschen Kaiser weiß man noch, wo er in Spa gewohnt hat. Die Fachwerkvilla im weitläufigen Parkgelände ist heute ein Kinderheim. Wo 200 Jahre vorher Peter der Große logierte ist unbekannt. Vielleicht hat der Herrscher aller Preußen draußen vor den Toren von Spa bei seinen Soldaten im Zeltlager gewohnt, gleichsam als erster Campingtourist in Spa.

Brunnen und Quellen sprudeln und fließen allenthalben in diesem heute knapp 10.000 Einwohner zählenden Städtchen. Rund 300 Brunnen sollen es im gesamten Stadtgebiet sein, das nun allerdings vor allem aus Wald, insbesondere Buchenwald, besteht. So liegen die meisten Brunnen irgendwo in den Wäldern, durch die vorbildlich angelegte Wanderwege zu den verschiedensten Zielen führen. Diese Ziele sind natürlich vor allem die alten Brunnenhäuser, die man auch mit der „Baladeuse“, einer kleinen, bunten Ausflugsbahn, erreichen kann. Da gibt es den

Das Wasser von Spa erlangte einen weltweit guten Ruf.

Das Thermalbadehaus in Spa

schen Rheumaleiden oder Krankheiten der Atemwege. Dass man das Wasser von Spa nicht nur zum heilsamen Baden nutzen, sondern auch zum gesundheitsfördernden Trinken gebrauchen kann, ist in Spa dank des Hofarztes Lymborgh Schriften seit dem 16. Jahrhundert bekannt. Damals schon begannen einsichtsvolle, vielleicht auch nur geschäftstüchtige Leute, dafür zu sorgen, dass das Wasser von Spa nach auswärts geliefert wurde, im 18. Jahrhundert sogar nach Amerika. Heute füllt Spa Monopole, das Unternehmen, das auf eine mehr als 400-jährige Tradition zurückblicken kann und sich als größter Hersteller alkoholfreier Getränke in Europa bezeichnet, stündlich mehr als 220.000 Flaschen und rund 50.000 Dosen Mineralwasser verschiedener Sorten ab. Dieses Wasser, von dem manche Experten meinen, es sei das beste überhaupt, wird heute in alle Welt exportiert. Für rund ein Dutzend internationaler Fluggesellschaften wird Spa-Wasser in handliche kleine Dosen abgefüllt – als Erfrischung hoch über den Wolken.

Brunnen von Barisart oder den von Géronstère, der schon seit 1651 im gleichen Quellenhäuschen sprudelt. Berühmt ist der Brunnen von La Sauvenière, zu dem früher junge Frauen pilgerten, wenn sie allzu lange auf Nachwuchs warten mussten.

Kaiser und Könige kommen zwar nicht mehr nach Spa zur Kur, doch die Heilkraft der Quellen wird nach wie vor hoch eingeschätzt. Das moderne und in seiner Empfangshalle wunderschön altmodisch dekorierte Thermalbadehaus mitten im Städtchen steht dafür. Hier ist man mit den modernsten medizinischen und technischen Hilfsmitteln ebenso wie mit dem Wasser von Spa und dem Torfschlamm aus den Mooren des nahen Hohen Venns gerüstet, die bei so mancherlei Leiden Linderung oder Heilung verschaffen. Das gilt für Herz- und Kreislaufbeschwerden ebenso wie bei chroni-

Die meisten Besucher kommen heute allerdings weniger des heilsamen Wassers als des Spielkasinos wegen. Mit ihm ist eine höchst bemerkenswerte Geschichte verbunden, denn Spa ist der einzige Ort der Welt, dessen heute noch betriebenes Spielkasino ausgerechnet von der Kirche gegründet wurde. Daran ändert auch die Tatsache nichts, dass der Bischof von Lüttich, der 1762 das Spielkasino in Spa ins Leben rief, das nicht als Kirchenmann, sondern als weltlich herrschender Fürst, als Landesvater tat. Er hatte durchaus erkannt, dass die damals allenthalben blühenden privaten Spielsalons eine Gefahr für die Menschen waren. Diesen Salons sollte der Garaus gemacht werden. So hatte das Bad in den Ardennen das erste öffentliche Spielkasino der Welt, hundert Jahre bevor in Monte Carlo die Kugel zu rollen begann. Für viele Länder wurde später Entwicklungshilfe in Sachen Glücksspiel von Spa aus geleistet.

Das Kasino bildet in der Stadtmitte einen unübersehbaren Komplex, es ist der optische Mittelpunkt von Spa, ein prachtvolles Beispiel neo-klassischen Baustils. Die Spielsäle und der rote Salon, in dem wechselnde Kunstausstellungen organisiert werden, sind im Stil Louis XIV., der blaue Salon im Empirestil gehalten. Das entzückende, leider viel zu wenig genutzte Theater erinnert an Garnier und Napoleon III., während der Festsaal vom Theater der Königin in Versailles inspiriert wurde.

Das Ende des Ersten Weltkriegs bedeutete auch das Ende für eine glanzvolle Ära in Spa. Die Engländer, die bis dahin das wichtigste Publikum gestellt hatten, blieben weg und Spa versank in einen Dornröschenschlaf. Erst in den 60er-Jahren des 20. Jahrhunderts begann ein neues Leben im „Café Europas“ dank unkonventioneller Methoden eines neuen, von Deutschen gestellten Managements. Die Methoden wurden von der Konkurrenz bei nahe gelegenen deutschen und belgischen Kasinos mit Naserümpfen

Eine traumhafte Hotelanlage: Das „Manoir de Lebioles“ in Spa

bedacht, doch das Bad der Kaiser und Könige ist dadurch zu neuem Leben erwacht.

Heute ist Spa wieder ein lebendiger Fremdenverkehrs- und Kurort. Die elegante, mondäne Atmosphäre vergangener Zeiten, so wie sie heute noch in manchen Kasinos gepflegt wird, darf man allerdings in den heiligen Hallen des Glücksspiels in Spa nicht mehr erwarten. Denn da, wo bis zum Ersten Weltkrieg internationales Publikum große Garderobe vorführte, sitzen heute Hausfrauen mit Einkaufstasche oder Rentner, die aus dem deutschen Rheinland mit Bussen herangeschafft werden. Dennoch: Alte Häuser wurden restauriert, Grün- und Blumenanlagen entstanden, moderne Hotels wurden gebaut und die Gastronomie, in Belgien ohnehin schon von einem bemerkenswerten Standard, wartet in und um Spa mit einer Vielzahl von Restaurants auf. Der am Stadtrand gelegene Golfplatz des Royal Club des Fagnes gilt als einer der schönsten Plätze Europas.

Schmetterling im Tal der Vesdre

Der erste Eindruck von Chaudfontaine ist nicht überwältigend; er bedeutet das langweilige Bild eines von Ziegelsteinhäusern geprägten wallonischen Städtchens beiderseits der Vesdre (Weser), nahe deren Mündung in die Ourthe. Aber den zweiten und dritten Eindruck wird man nicht vergessen. Er bringt die Begegnung mit zauberhaften Details eines längst in Vergessenheit gerate-

Maison Sauveur

Alter Bahnhof in Chaudfontaine

nen, einst blühenden Kurortes, den der französische Dichter Victor Hugo 1867 als „Schmetterling unter den Thermalbädern" pries.

„Es ist das bezaubernste Tal der ganzen Welt", schrieb Victor Hugo

Die warmen, radioaktiven Quellen im unteren Wesertal müssen schon früh bekannt gewesen sein, denn bereits 1250 taucht der Name Chaudfontaine („warme Quelle") erstmals in einer Urkunde auf. Doch erst 1676 nutzte Simon Sauveur die mit 36,6 Grad wärmste Quelle für ein Bad. Das geschah in seinem Haus, dem Maison Sauveur, das als wohl schönstes altes Haus des Ortes im Parc des Sources heute das Fremdenverkehrsamt beherbergt. 1725 wurden die ersten öffentlichen Thermalbäder eingerichtet und 1747 die Belles Fontaines gebaut, eine pompös-barocke Quellfassung, die heute als schönste bauliche Erinnerung an die große Zeit des Badebetriebs vor den Toren von Lüttich gilt. Damals gehörten Fahrten mit langen Barken auf der Weser zum besonderen Vergnügen der Badegäste. Eine solche Schiffsreise auf der Weser nach Chaudfontaine ist Gegenstand einer 1757 entstandenen wallonischen Oper, „ Li Voyèdie di Tchofontinne", die Reise nach Chaudfontaine. Diese komische Oper wird immer wieder aufgeführt, zuletzt 1970 in Lüttich.

Schon Anfang des 18. Jahrhunderts wurde das Wasser von Chaudfontaine in hohen, schmalen Tonkrügen über den Hafen

Antwerpen in viele Länder der Welt exportiert. Noch heute ist das Mineralwasser des kleinen Ortes nach dem von Spa das meistgetrunkene in Belgien.

Zu den prominentesten Gästen von Chaudfontaine gehörte 1812 Königin Hortense von Frankreich mit ihren beiden Söhnen. Einer von ihnen wurde später als Napoleon III. französischer Kaiser.

Gegenüber dem Quellenpark führt eine Brücke über die Weser zum Kasino von Chaudfontaine und zum alten Bahnhof. Er ist nicht nur einer der ältesten Bahnhöfe von Belgien, bereits 1843 erbaut und 1891 erneuert, sondern auch seiner Architektur wegen einen Besuch wert. Der Treppenaufgang zu den ehemaligen Bahnsteigen bietet sich im schönsten Jugendstil der Jahrhundertwende an, das einstige Bahnhofsgebäude ist heute Restaurant. Geplant ist, hier ein Quellenmuseum einzurichten. Berühmt wurde dieser Bahnhof durch den Maler Paul Delvaux, der für ihn eines seiner berühmtesten Gemälde schuf – „Le voyage légendaire”. Das Gemälde befindet sich allerdings seit 1974 im Kasino in Knokke.

VOM FADEN ZUR MODE

Das Blöken einer Schafherde empfängt den Besucher, sobald er den „Wollparcours“ in der einstigen Textilfabrik in Verviers betritt. So wird gleich deutlich gemacht, um was es bei dieser in ihrer Art einzigartigen Präsentation geht: um die Wolle und das, was im Laufe der Zeit gerade in dieser Stadt mit und aus ihr gemacht wurde.

Erst im Oktober 1999 wurde das Touristische Zentrum für Wolle und Mode im Rahmen des touristischen Stadtvermarktungprogramms VervierSima eröffnet, für das die Pläne bei der Stadtverwaltung in Verviers bereits bis 1965 zurückreichten. Doch damals fehlte es an einem geeigneten Gebäude, denn das Museum, das den Gründern vorschwebte, sollte kein Museum im üblichen Sinne sein.

1976 konnte die Stadt den aus dem Jahr 1727 stammenden Komplex der Textilfabrik Bettonville erwerben, in dem übrigens von 1815 bis 1855 die einzige Seidenweberei der ganzen Region tätig war. 23 Jahre zog sich dann die Verwirklichung der Idee hin, 288 Millionen belgische Francs (ca. 7,1 Mill. €) mussten für Umbau, Renovierung und Installierung der Einrichtung investiert werden. Jetzt wird bei einem Besuch und einer Wanderung über den „Wollparcours“ durch die drei Etagen des Komplexes in Wort und Bild auf geradezu aufregende Weise das wieder lebendig, wovon einst die Menschen in Verviers gelebt haben.

Die Besucher bekommen Audiokassetten (auch in Deutsch) zur Verfügung gestellt, auf denen genau das erklärt und erzählt wird, was man gerade sieht, ganz gleich wie schnell oder wie langsam man unterwegs ist.

Zwei unsichtbare Führer begleiten den Besucher auf dem Parcours, der erste ist der „Fil de Laine“, der Wollfaden. Er beginnt den Rundgang auf einer australischen Merinoschaf-Farm aus den 1930er-Jahren. Von dort kam damals vornehmlich die in Verviers verarbeitete Wolle – was die Maschinen und

Das Wollmuseum in Verviers

die im szenischen Zusammenhang platzierten Gegenstände erklären. Ganz gleich, ob das nun Bilder der Schafschur sind oder ein ganzes Vlies, Körbe voller Wolle der verschiedensten Qualitäten oder die Leviathan genannte gigantische Waschmaschine für die Wolle – der unsichtbare Führer mit seinen Kommentaren ist immer dabei. Er führt ins Verviers der Wollverarbeitung, in die Spinnereien und zu den Kardatschen, in die Kneipen und Cafés, in denen die Arbeiter ihre sozialen Probleme diskutierten. Das Büro des Wollkaufmanns ist ebenso eine Station auf diesem Parcours wie das Labor des Wollchemikers. Man erfährt, dass die Bevölkerung früher ihren Urin an die Tuchfabriken verkaufen konnte oder Kinder sich ein Taschengeld verdienen konnten, wenn sie die Samenstände der Karden sammelten, die zu Hunderten in die Kardatschen eingelegt wurden, um die Wolle zu säubern.

Im zweiten Teil des Parcours übernimmt ein anderer Führer die Begleitung, der „Fil du temps", der Faden der Zeit. Er bringt den

Ein Blick in das Wollmuseum von Verviers

Besucher in eine faszinierende Schau von Exponaten, Comicstrips und Monitorbildern. Hier wird die Geschichte der Kleidung, aus der später die Geschichte der Mode wurde, in einzelnen Kabinetten gezeigt.

Die Darstellungen zeigen die Wandlung der Kleidung zur Mode vom 7. Jahrhundert bis heute. Eindrucksvoll wird klargemacht, wie große politische Ereignisse ihre Auswirkungen auf die Mode hatten: Durch die Kreuzzüge kamen bis dahin unbekannte kostbare Stoffe nach Europa, ab dem 14. Jahrhundert entwickelte sich die höfische Kleidung und Mode, deren Ende durch die Französische Revolution 1789 kam. So führt „der Faden der Zeit“ mit sachkundigen und mitunter humorvollen Kommentaren bis in die 1990er-Jahre, in denen sich schließlich jeder so kleidet, wie es ihm oder ihr gerade gefällt. Am Ende des Parcours verabschiedet der unsichtbare Führer sich von den Besuchern im Atelier eines Maßschneiders.

i *Verviersima*
Centre touristique de la laine et de la mode
Rue de la Chapelle 30
B-4800 Verviers
Tel.: 0032-87-35 57 03
Fax: 0032-87-31 20 95
www.verviersima.be
info@verviersima.be

DIE QUELLENROUTE IM ÜBERBLICK

143 Kilometer lang ist sie, die Quellenroute, die als Rundkurs in Lüttich beginnt und endet. In ihrem Verlauf berührt sie das kleine, fast intime alte Bad Chaudfontaine ebenso wie den als weltberühmten Kurort, als Bad der Kaiser und Könige geltenden Badeort Spa. Später geht die Route in die Hochmoorlandschaft des Hohen Venns über, zur Gileppetalsperre und nach Verviers, einst berühmt wegen seiner Tuchindustrie, ehe sie zurück nach Lüttich führt.

Sehenswürdigkeiten entlang der Route:
Lüttich: Taufbecken des Renier von Huy in der Bartholomäuskirche;
ehemaliges Fürstbischöfliches Palais mit zwei Innenhöfen;
Paulskathedrale mit Schatzkammer;
Museum des Wallonischen Lebens,
Cour des Mineurs;
Museum d'Ansembourg mit Sammlungen von Möbeln, Teppichen, Wandbehängen, Kronleuchtern, Gläsern, Porzellan, Keramik besonders aus dem 18. Jahrhundert, Féronstrée 114; Sonntagsmarkt „La Batte" auf den Maasboulevards; Marktplatz mit Perron; Stadtviertel Outremeuse; Zitadelle mit weitem Blick in die Ardennen.

Lecker in Lüttich und Umgebung:
Lütticher Sirup, ein Brotaufstrich aus Äpfeln und Birnen; Kaninchen mit Pflaumen; Käse von Herve.
Infos: Office du Tourisme de Liège
En Féronstrée 92
B–4000 Lüttich/Liège
Tel.: 0032-4-2219221
Fax: 0032-4-2219222
www.liege.be
E-Mail: office.tourisme@liege.be

Chaudfontaine:
Thermalquelle Dechaux;
Haus Sauveur mit Fresken im Inneren;
Alter Jugendstilbahnhof.

Infos: Syndicat d'Initiative de Chaudfontaine Maison Sauveur, Parc des Sources
B–4050 Chaudfontaine
Tel.: 0032-4-3615630
Fax 0032-4-3615640
www.chaudfontaine.be

Soiron: reizvolles altes Dorfensemble.

Pepinster: Schlösser von Mazures und Sohan; Teufelsfelsen.

Theux: Ruinen der Burg Franchimont, die in der Region eine große Bedeutung hatte.

Spa: Kasino; Badehaus; Palais Royal mit Heimatmuseum; Brunnenhaus Pouhon Pierre le Grand; Brunnen von Géronstère und Sauvenière (beide im Wald).
Infos: Office du Tourisme de Spa
Place Royale 41, B–4900 Spa
Tel.: 0032-87-795353
Fax: 0032-87-795354
www.spa-info.be
E-Mail: officetourismespa@skynet.be

Sart-les-Spa: Täler von Hoegne und Statte mit dem Felsen von Bilisse, dem Wasserfall der Gnome und dem Dolmen von Solwaster;

Naturparkzentrum Botrange: siehe „Venn- und Seenroute“.

Baraque Michel: siehe „Venn- und Seenroute“.

Gileppestausee mit gewaltigem Steinlöwen auf der Staumauer, Aussichtsturm und schönen Wandermöglichkeiten am Ufer entlang.

Verviers: Rathaus; Museum der schönen Künste; Wollmuseum Verviersima.

Lecker: Reisfladen von Verviers.

Infos: Maison du Tourisme du Pays de Vesdre, Rue de la Chapelle 24
B–4800 Verviers
Tel.: 0032-87-355703
Fax: 0032-87-312095
www.paysdevesdre.com

Wégimont: Freizeitzentrum der Provinzialdomäne von Wégimont.

TIPP

Gute Adressen am Wegesrand

LÜTTICH: Le Germeau mit
Gourmetrestaurant
(Maître Cusinier)
Rue des Vennes 151
B–4020 Liege
Tel.: 0032-4-3437242
Fax: 0032-4-3440386
E-Mail: michelgermeau@hotmail.com

TROOZ : Hostellerie Château Bleu
Rue Rys-de-Mosbeux 52
B–4870 Trooz
Tel.: 0032-4-3517457
Fax: 0032-4-3517343
www.chateaubleu.be
E-Mail: info@chateaubleu.be

JALHAY : Hotel-Restaurant
La Crémaillère
Rue de la Fagne, 17, B–4845 Jalhay,
Tel.: 0032-87-647314
Fax: 0032-87-647020
www.la-cremaillere.be
E-Mail: info@la-cremaillere.be

Weitere Informationen:
Fédération du Tourisme de la Province de Liège, Bd. de la Sauvenière, 77
B–4000 Lüttich/Liège
Tel.: 0032-4-2326510
Fax: 0032-4-2326511
www.ftpl.be
E-Mail: ftpl@ftpl.be

Die Höhenroute Lienne-Amel (Route Sommets Lienne-Amblève)

Das grosse Fest der Blancs Moussis

„Am Aschermittwoch ist alles vorbei", singen landauf, landab im Rheinland die Narren. In Stavelot in den Ardennen, 12 Kilometer von Malmedy entfernt gilt das nicht. Mitten in der Fastenzeit, am Sonntag Laetare, wie er in der Sprache der Kirche heißt, geht es in der einstigen Abteistadt erst so richtig los.

Wie bei den großen rheinischen Karnevalsumzügen gehören auch in Stavelot Musik, Verkleidung, viel Ausgelassenheit und Tanz zum Laetarefeiern. Und doch ist hier alles ganz anders. Wenn sich mittags der große Zug in Bewegung setzt, ist nur eine Verkleidung, nur eine Maske zu sehen: die der Blancs Moussis, der Mönche." Die weiß gekleideten Gestalten mit weißen Kapuzen und langen roten Nasen tanzen, singen und johlen durch die Straßen der alten Stadt. Zwischen ihnen fahren Konfettikanonen im Zug mit. Ihre Kanoniere spähen mit Argusaugen, ob irgendwo ein Fenster in Reichweite der Kanonen offen steht.

Dort wird dann eine volle Ladung bunten Konfettis hineingepustet. Wehe den armen, unvorsichtigen Wohnungsinhabern! Sie haben garantiert bis zum nächsten Laetarezug damit zu tun, auch die letzten Konfettiplättchen aus den Ritzen der Sofas oder Wohnzimmersessel zu entfernen.

Blancs Moussis, die „weißen Mönche"

In der Zeit der höchsten Blüte von Stavelot war es üblich, dass sich auch die Mönche aktiv am ausgelassenen Karnevalstreiben beteiligten. 1499 allerdings scheinen sie doch erheblich über die damals nicht so straff gespannten Stränge geschlagen zu sein. Fürstabt Wilhelm von Manderscheid sah sich jedenfalls veranlasst, den Mönchen fortan die Teilnahme am Karneval zu verbieten.

Das wiederum hatte aber weder den Mönchen noch der Bevölkerung sehr gepasst. Schon 1502 ignorierten die Patres das Verbot, zogen sich weiße Kittel und Kapuzen über und machten weiterhin mit beim Karnevalstreiben.

Seither sind die immer noch an Kapuzen tragende Mönche erinnernden Blancs Moussis die wichtigsten Gestalten des Staveloter Laetare.

Warum die Stadt Stavelot 1820 den Karnevalszug auf den Laetaresonntag verlegte, weiß man heute nicht mehr.

Ein verträumter Winkel in Stavelot

DIE HÖHENROUTE LIENNE-AMEL IM ÜBERBLICK

Über die Höhen und durch die Täler von Lienne und Amel, einer eher beschaulichen als aufregenden Ardennenlandschaft, führt diese 140 Kilometer lange Route als Rundkurs. Als Ausgangs- und Endpunkt gilt das kleine Städtchen Trois-Ponts. Im Mittelpunkt der Route steht das Tal der Amblève, die aus ihrer Heimat bei Heppenbach nahe St. Vith im deutschsprachigen Ostbelgien ihren deutschen Namen Amel mitbringt. Das Tal der Amel oder Amblève gilt als eines der landschaftlich schönsten Täler der ganzen Ardennen.

Die drei Brücken, die im Namen von Trois-Ponts stecken, sind jene drei Brücken, die über die hier zusammenfließenden Gewässer Amel, Salm und Balleur führen. Die Route leitet über Stavelot, einst Residenz der Reichsäbte, auf Malmedy zu nach Bellevaux-Ligneuville mit seinen großen Forellenzuchtanlagen und berührt dann mehrfach die Rennstrecke Francorchamps. Sie streift erneut Stavelot, führt nach Coo mit seinem berühmten Wasserfall und dem Freizeitpark, um dann in Windungen über La Gleize, Stoumont und Chevron, Lierneux und Arbrefontaine nach Trois-Ponts zurückzuführen.

Sehenswürdigkeiten entlang der Route
Stavelot: Komplex der ehemaligen Reichsabtei mit Museum, das auch an den Aufenthalt des Dichters Guillaume Apollinaire in Stavelot erinnert; Museum der Rennstrecke von Francorchamps; Pfarrkirche St. Sebastianus von 1750 mit Remaklusschrein und Schatzkammer.

Infos: Office du Tourisme de Stavelot,
Abbaye de Stavelot
B–4970 Stavelot
Tel.: 0032-80-862706
Fax: 0032-80-80880877.

Coo: Wasserfall der Amel, im 18. Jahrhundert von den Mönchen der Abtei Stavelot angelegt; Sessellift mit Aussichtsturm bei der Bergstation; Familien-Freizeitzentrum „Telecoo“ mit u.a. Möglichkeiten des Kajakfahrens auf der Amel; Ponyreiten, Geländewagensafaris.
Besondere Veranstaltungen: Bergeval-St-Jaques: Maiglöckchenfest am 1. und 2. Mai.

Vielsalm: Waldbeerfest Mitte Juli;
Belgische Meisterschaften der schweren Kaltblutpferde im Holzrücken Mitte August; Laetarefest am 4. Fastensonntag, dem Sonntag Laetare.
Infos: Syndicat d’Initiative de Coo
Petit Coo
B–4970 Stavelot
Tel.: 0032-80-684639
E-Mail: sivv.coo@wanadoo.be

La Gleize: Kirche aus dem 12. Jahrhundert mit einer holzgeschnitzten Madonna aus dem 13. Jahrhundert; Museum Dezember 1944, nur in geraden Jahren geöffnet.

TIPP

Gute Adressen am Wegesrand

FRANCORCHAMPS : Hostellerie Le Roannay
Route de Spa, 155
B–4970 Francorchamps Stavelot
Tel.: 0032-87-275311
Fax: 0032-87-275547
www.roannay.com
E-Mail: info@roannay.com

TROIS-PONTS :
Hostellerie Doux Repos
Haute Bodeux, 34
B–4983 Trois-Ponts
Tel.: 0032-87-684207
Fax: 0032-87-684282
www.douxrepos.com
E-Mail: hoteldouxrepos@skynet.be

STAVELOT:
Hostellerie Le Val d'Amblève,
Rte. de Malmedy 7
B–4970 Stavelot
Tel.: 0032-80-281440
Fax: 0032-80-281459
www.romantikhotels.com/stavelot
E-Mail: leval.dambleve@gate71.be

Weitere Informationen: Fédération du Tourisme de la Province de Liège, Bd. de la Sauvenière, 77, B–4000 Lüttich/Liège
Tel.: 0032-4-2326510
Fax: 0032-4-2326511
www.ftpl.be
E-Mail: ftpl@ftpl.be

ALTITUDE: 315m
MOULIN du RUY: 2Km
ROANNE-COO: 4Km
NEUVILLE: 2,5Km
NDRIMONT: 4Km
SPA: 9Km

Die Route der Legenden (Route des Légendes)

Die längste unterirdische Bootsfahrt der Welt

Das Rauschen des unterirdischen Wassers kommt näher und näher. Noch ein paar Stufen hinab, und nach anderthalbstündiger Wanderung durch das Innere des Berges steht man am Ufer eines Sees, dessen Wasserfläche sich im Dunkel der riesigen Höhle verliert. Mit flachen Booten geht es dann langsam nach draußen, dem Tageslicht wieder entgegen. Diese unterirdische Bootsfahrt, angeblich die längste der Welt, ist der Höhepunkt eines Besuches in den Grotten von Remouchamps. Hier im Tal der Amblève (Amel) hausten bereits frühsteinzeitliche Jäger in den gigantischen unterirdischen Sälen und Palästen, die die Natur im Laufe von Jahrmillionen im Inneren der Ardennenberge geschaffen, mit bizarren Tropfsteinbildungen verziert und so zum Ziel unzähliger Besucher gemacht hat. Nur ein kleiner Teil dieses vom Rubicon, einem Zufluss zur Amel durchflossenen Höhlensystems, ist für die Besucher zugänglich. Ein schmaler Weg führt durch riesige Felsgänge und man bewundert die Kraft der Natur, die hier im Berginneren grüne Flechten und Farne unter dem Licht elektrischer Glühlampen sprießen lässt, dann öffnet sich plötzlich eine überdimensionale Halle, deren Ausmaße im schwachen Licht kaum zu ahnen, geschweige denn zu sehen sind.

Tropfsteinbildungen, Stalagmiten und Stalaktiten, in allen Farben schimmernd, mal in Form riesiger Vorhänge, mal als gewaltige Säulen, fesseln den Blick. Dass der Volksmund diesen Hallen und den Tropfsteinbil-

Faszinierende Tropfsteingebilde in den Grotten von Remouchamps

dungen fantastische Namen gab wie „Kathedrale“ oder „Feensaal“ – wen wundert das? In einem der größten unterirdischen Säle ist ein Café eingerichtet. Hier kann man Espresso schlürfen oder frische Waffeln genießen, während sich ringsum das Licht in unzähligen Kristallen spiegelt und bricht.

Tief unterhalb, unsichtbar zwar, aber dafür um so vernehmlicher zu hören, rauscht und braust der Rubicon. Die Barken gleiten über den See, dessen Ufer in der Finsternis untertauchen. Plötzlich taucht im Wasser wie ein von der Natur gebauter Stützpfeiler der „Palmenbaum“ auf, dessen Stamm durch das Zusammenwachsen eines Stalagmiten und eines Stalagtiten entstand. Ein paar Ruderschläge noch, dann gleitet das Boot aus der geheimnisvollen Unterwelt wieder in die Helle des Tageslichts hinaus.

i *Die Grotten von Remouchamps*
Rue de Louveigné 3
4920 Remouchamps
Tel.: 0032-4-360 90 70
Fax: 0032-4-360 91 08
www.mondesauvage.be

DIE ROUTE DER LEGENDEN IM ÜBERBLICK

Die Route der Legenden ist 105 Kilometer lang und führt von Aywaille an der unteren Amblève/Amel als Rundkurs über Sprimont, Harzé, Remouchamps-Banneux-Notre-Dame und Deigné nach Aywaille zurück. Wie bei der vorhergehend beschriebenen Route Sommets Lienne–Amblève wird das von ihr berührte Landschaftsbild vor allem durch das reizvolle Tal der unteren Amblève/Amel bestimmt.

Sehenswürdigkeiten entlang der Route:

Aywaille An der Stelle des heutigen Touristenortes schlug 716 der Merowinger Karl Martell Chilperich II. den König des fränkischen Neustrien. In der an so vielen Stellen in den Ardennen lokalisierten Sage von den vier Haymonssöhnen soll die Burg, von der nur noch Ruinen übrig sind, eine Rolle gespielt haben.

Safaripark: Mit dem Auto oder einem kleinen Safarizug kann man einen Teil des 86 Hektar großen Parks erleben, ein anderer kann auf Promenadenwegen durchwandert werden.

Harzé: Freizeitpark. Um das aus dem 17. Jahrhundert stammende Schloss mit dem sehenswerten Grafensaal hat sich das Freizeitzentrum Domaine touristique provincial entwickelt, eine bemerkenswerte Kombination von Streichelzoo großen Umfanges und eines Mühlen- und Bäckereimuseums in einer original wiederaufgebauten Wassermühle.

Ameltal (Val d'Amblève): Zwischen Chevron und Remouchamps verläuft die Route durch das hier besonders reizvolle Ameltal. Landschaftliche Höhepunkte sind einmal die Quarzitblöcke von Fonds de Quarreux, die auf eine Länge von 4

Kilometern im Fluss verstreut erscheinen, zum anderen das hier bei Nonceveux einmündende Tal des Ninglinspo. Dieses Tal gilt als eines der malerischsten Täler ganz Belgiens.

Remouchamps: Die berühmten Grotten mit der längsten unterirdischen Bootsfahrt der Welt sollte man sich nicht entgehen lassen.
Infos: www.mondesauvage.be
E-Mail: info@mondesauvage.be

Banneux-Notre-Dame. Seit im Winter 1933 in dem kleinen Ardennenort Banneux das Bauernmädchen Mariette Beco achtmal die Erscheinung der Muttergottes hatte, die sich dabei Muttergottes der Armen nannte, ist aus dem unscheinbaren Ort ein international bekannter Wallfahrtsort geworden. Tausende von Pilgern kommen jedes Jahr nach Banneux-Notre-Dame. Außer dem Wallfahrtszentrum mit dem Brunnen, dessen Wasser als wundertätig und heilkräftig verehrt wird, lohnt in Banneux das Schloss einen Besuch. Die große Anlage stammt aus der Mitte des 18. Jahrhunderts, wurde 1918 teilweise zerstört, inzwischen jedoch weitgehend wieder aufgebaut
Infos: Heiligtum Banneux
Rue de l'Esplanade 57, B–4141 Banneux-Notre-Dame, Tel.: 0032-41-608226.

Deigné: Das Dorf wurde wegen seiner gut erhaltenen Architektur und des Blumenschmucks 1975 vom Europarat als architektonisches Erbe anerkannt und geschützt. Es wurde inzwischen in die Arbeitsgemeinschaft der „Schönsten Dörfer der Wallonie" aufgenommen, die wiederum im Arbeitskreis der „Schönsten Dörfer Europas" mitarbeiten.
Infos: asbl „Les Plus Beaux Villages de la Wallonie", Tel./Fax: 0032-83-657240
E-Mail: pbvw@pbvw.be

TIPP

Gute Adressen am Wegesrand

AYWAILLE : Hostellerie Villa des Roses
Rue de la Libération, 4
B–4920 Aywaille
Tel.: 0032-4-3844236
Fax: 0032-4-3847440

REMOUCHAMPS: Royal Hotel-Restaurant „Bonhomme"
Rue de la Reffe 26
B–4920 Remouchamps
Tel.: 0032-4-3844006
Fax: 0032-4-3843719
www.hotelbonhomme.be
E-Mail: info@hotelbonhomme.be

Weitere Informationen: Maison du Tourisme d'Ourthe-Amblève, Route de Louveigné, 3–5, B–4920 Remouchamps
Tel.: 0032-4-3846788
Fax: 0032-4-3843546
www.ourthe-ambleve.be
E-Mail: info@ourthe-ambleve.be

Die romantische Route

Die Hebamme von Bethlehem

Von Huy spricht man nicht oft. Warum auch? Die kleine Stadt an der Maas, halbwegs zwischen Lüttich und Namur gelegen, scheint nur eine unter vielen reizvollen Maasstädten zu sein. Das war einmal anders. Zur Zeit, als die Welt nur sieben Wunder zählte, nahm Huy allein vier für sich in Anspruch, allerdings nicht aus der berühmten Liste. Huy hatte seine eigenen Weltwunder: Li Pontia, li Tchestia, li Rondia und li Bassinia. Die Namen verraten es: Huy ist wie Lüttich eine Hochburg der wallonischen Sprache.

Das Rathaus von Huy

Die vier Wunder gibt es noch immer, doch wir Menschen heute sind so abgestumpft, dass wir sie kaum noch als Wunder erkennen. Und auch in Huy tut man wenig sie den Besuchern vorzuführen. Li Pontia, die in weitem Bogen die Maas überspannende Brücke, beschert einen immer noch wundervollen Blick auf die alte Stadt, die sich am Fuße der Uferberge an der Maas entlangschmiegt. Wälder, Wiesen und Gärten bedecken heute die Hügel, die die Stadt umgeben. Bis zum Ersten Weltkrieg waren diese Hügel jedoch von Reben bedeckte Weinberge. Huy war ein Weinbauzentrum, auch wenn man sich das heute kaum noch vorstellen kann. Die Fürstbischöfe von Lüttich sollen angeblich den Briolet, den süßen Wein von Huy, besonders geschätzt haben. Die Stadt wird von einer monumentalen Zitadelle überragt. Sie wurde von den Holländern im 19. Jahrhundert an der Stelle einer Burg gebaut, die bereits im 11. Jahrhundert der Bischof Theoduin wiederum auf den Überresten eines keltischen Kastells hatte bauen lassen.

Unterhalb der Zitadelle erhebt sich der klobige Vierkantturm der gotischen Stiftskirche Unserer Lieben Frau aus dem Jahre 1311, die mit der schönen Rosette in der Westfassade, in Huy „Li Rondia“ genannt, das dritte Wunder hat. Besonders in der Weihnachtszeit ist Huy mit seiner Stiftskirche nicht so sehr der Rosette oder der reichhaltigen Schatzkammer wegen einen Besuch wert, sondern wegen des Bethlehemsportals. Im Giebelfeld dieses Portals der Kathedrale hat sich eine naive Darstellung der Geburt Christi mit den Hirten auf dem Felde, der Anbetung der Weisen aus dem Morgenland und dem Kindermord von Bethlehem aus dem 14. Jahrhundert erhalten. Beim genauen Betrachten fällt dabei ein Kuriosum auf: Die Geburt Christi im Stall von Bethlehem ist mit Hebamme dargestellt! Der Kirchenschatz in der Schatzkammer der Kirche spiegelt den einstigen Reichtum der Stadt, die zur Zeit der Zugehörigkeit zum Fürstbistum Lüttich 17 Klöster hatte..

Um das vierte Wunder von Huy zu sehen, muss man ein paar hundert Meter durch die Altstadt zum Rathaus gehen, einem kostbaren Bau im Ludwig-XV.-Stil, vor dem auf dem Marktplatz „Li Bassinia" zu bewundern ist, ein Brunnen, der eine der Zierden der Stadt ist. Er wurde 1406 mit der Bronze der Marie-la-Hideuse, der großen Glocke des heute nicht mehr existierenden Bergfrieds gegossen. Die vier kleinen Statuen stellen die heilige Katharina, den Bischof St. Domitian, den Ritter Mangold und Anfried, den letzten Grafen von Huy dar, der seinen Besitz an den Fürstbischof Notker von Lüttich abtrat. Der österreichische Doppeladler, der den Brunnen ziert und bei manchem Betrachter Verwunderung auslösen mag, stammt aus dem 18. Jahrhundert, als Huy zu Österreich gehörte.

Das Rathaus mag den Besucher daran erinnern, dass die Stadt Huy sich rühmen kann dank einer vom Bischof Theoduin im Jahre 1066 ausgestellten Urkunde als erstes Gemeinwesen in Europa eine freiheitliche Verfassung erhalten zu haben.

Die Zitadelle von Huy

Eines der schönsten Schlösser in den Ardennen: Schloss Modave

Es lohnt sich, rechts am Rathaus vorbeizugehen und auf gut Glück im Gewirr der kleinen Gässchen und baumbestandenen Plätze zu bummeln. Dabei kommt man an der aus dem 13. Jahrhundert stammenden kleinen Kirche Saint-Mort-hors-de-murs vorbei, die man allerdings nur von außen bewundern kann. Sie ist nur gelegentlich bei Konzerten oder Ausstellungen zugänglich. In der Nähe vermittelt auch noch ein Überrest des alten Minoritenklosters eine Erinnerung an alte Zeiten.

TIPP

GUTE ADRESSEN AM WEGESRAND

HUY : Auberge de la Campagne
Rue de la Campagne 41
B–4500 Huy,
Tel.: 0032-85-25565566
Fax: 0032-85-255665
E-Mail: auberge.17s@belgacom.net

MODAVE: Auberge du Hoyoux
Route de Limet 83, B–4577 Modave
Tel./Fax: 0032-85-411569
E-Mail: lambotte.jeanLuc@swing.be

Weitere Informationen:
Fédération du Tourisme de la Province de Liège
Bd. de la Sauvenière, 77
B–4000 Lüttich/Liège
Tel.: 0032-4-2326510
Fax: 0032-4-2326511
www.ftpl.be
E-Mail: ftpl@ftpl.be

DIE ROMANTISCHE ROUTE IM ÜBERBLICK

115 Kilometer lang windet sich die Romantische Route durch die Landschaft des Condroz, um die seit jeher gestritten wird, ob sie nun zu den Ardennen gehört oder nicht. Es ist eine Landschaft, die noch immer sehr stark von der Landwirtschaft geprägt wird, vor allem von der Zucht der weißblauen belgischen Rinder, die Kenner vor allem in Form saftiger Steaks schätzen. Eingebettet in diese Landschaft sind kleine Dörfer, uralte Kirchen und Kapellen sowie einige Schlösser.

Die Route führt zunächst nach Norden, nach Ombret, windet sich vielfach im Zickzack nach St-Séverin, Villers-le-Temple, Tinlot, Seny, Xhos, Ouffet, Pair, Bois Borsu, St-Fontaine, Modave und Marchin zurück nach Huy.

Sehenswürdigkeiten entlang der Route:
Huy: Die Zitadelle „Li Tschestia“, im Sommer mit der Seilbahn erreichbar; Kathedrale mit der Rosette Li Rondia und dem Bethlehemportal; Marktplatz mit Brunnen Li Bassinia und Rathaus; die alte Brücke Li Pontia; Heimatmuseum (Musée communal im Renaissancebau des ehemaligen Minoritenklosters).
Informationen: Office de Tourisme de Huy, Quai de Namur 1
B–4500 Huy
Tel.: 0032-85-212915
Fax: 0032-85-232944
www.huy.be
E-Mail: tourisme@huy.be

Hermalle-sous-Huy: Feinschmeckermuseum. In ein Land wie Belgien, wo die Gourmets zu Hause sind, gehört einfach ein Feinschmeckermuseum. In d em kleinen Hermalle-sous-Huy hat Madame Gilson in einem 300 Jahre alten Burgbauernhof ein solches Museum eingerichtet. Mit 12.000 Bänden vereint die Hofbibliothek Belgiens bedeutendste Kochbuchsammlung. In der Taverne des Museums kommen immer wieder Speisen auf die Tafel, die aus diesen zum Teil jahrhundertealten Rezeptbüchern stammen. Viele sind von Lancelot Casteau, der im 16. Jahrhundert Leibkoch des Fürstbischofs in Lüttich war. In den Sälen neben der Taverne ist das eigentliche Feinschmeckermuseum zu bewundern. Über 6.000 Ausstellungsstücke veranschaulichen die Geschichte des guten Geschmacks.

Infos: Feinschmeckermuseum
Chaussée F. Terwagne 132 a
B–4480 Hermalle-sous-Huy
Tel.: 0032-85-314286
www.gastronomica.be
E-Mail: info@gastronomica.be

Tihange: In der Umgebung liegen verschiedene Schlösser.

Saint-Séverin: In dem hübschen Ort erinnert die romanische Kirche St. Peter und Paul an die um 1100 durch Mönche von Cluny gegründete Abtei, die bis 1796 bestanden hat. Im Kircheninneren steht ein sehenswertes Taufbecken aus dem 12. Jahrhundert.

Villers-le-Temple: Das Museum des Templer- und Johanniterordens erinnert noch an die Ordensritter, die sich 1260 hier niederließen und eine jahrhundertelang bedeutende Commanderie unterhielten.

Soheit-Tinlot: Sehenswert sind das in einem prachtvollen Park gelegene Schloss und die alte Kapelle sowie verschiedene Höfe, die teils noch aus dem 15. und 16. Jahrhundert stammen.

Seny: Das Dörfchen überrascht mit einem besonders gut erhaltenen alten Ortsbild aus dem 17. Jahrhundert.

Bois Borsu: Der Reisende auf der Romantischen Route sollte keinesfalls versäumen, sich in diesem kleinen Dorf die aus dem 12. Jahrhundert stammende Kirche mit ihren Wandmalereien aus dem 14. Jahrhundert anzuschauen sowie den Wehrhof mit Turm aus dem 16. Jahrhundert.

Modave: In einer Urkunde aus dem Jahr 1233 wird Schloss Modave erstmals erwähnt. Auf einem 60 Meter aus dem Tal des Hoyoux aufsteigenden Felsen thront das in seiner heutigen Form aus dem 17. Jahrhundert stammende Schloss der Grafen von Marchin. Schloss und Schlosspark lohnen unbedingt die Besichtigung. Der Lütticher Zimmermann Rennequin Sualem hat die weltberühmt gewordene „Maschine“ entwickelt, mit der das Wasser aus dem Hoyoux zum Schloss heraufgepumpt wurde (für den Haushaltsgebrauch und zur Gartenbewässerung). Frankreichs König Ludwig XIV. war von dieser Konstruktion so begeistert, dass er ihren Erfinder beauftragte, das Wasserzufuhrsystem der Brunnen und Gärten von Versailles zu gewährleisten. Der Lütticher Zimmermann schaffte es damals bekanntlich, das Wasser der Seine über drei Stufen insgesamt 150 Meter in die Höhe nach Versailles zu transportieren.

Infos: Tel.: 0032-85-411369
Fax: 0032-85-412676
www.modave-castle.be

Die Route des Kuhkrieges

Ein Schatz im Maastal

Die Historiker sind sich sicher: Das in Caesars zweitem Buch des Gallischen Krieges erwähnte „Oppidum Atuatucorum" ist identisch mit der heutigen Stadt Namur. Damit könnte sich die Hauptstadt der gleichnamigen belgischen Provinz rühmen, als einziger Ort der Ardennen in seiner ersten historisch nachweisbaren Form von Caesars Truppen erobert und zerstört worden zu sein.

Indessen geht die Geschichte Namurs weit ins Dunkle der Vergangenheit zurück. Der gewaltige Felsen über dem Zusammenfluss von Maas und Sambre hat schon vorgeschichtliche Stämme angelockt, sich hier Befestigungen zu bauen. Und als Befestigung ist die Felsbastion über den Flusstälern bis ins 20. Jahrhundert hinein genutzt worden. Während des Ersten Weltkriegs fanden in der inzwischen zur Zitadelle ausgebauten Festung erbitterte Kämpfe zwischen Belgiern und den deutschen Aggressoren statt, die die seit dem 7. Jahrhundert unter dem Namen Namur bekannte Stadt nach mittelalterlicher Manier regelrecht brandschatzten. Auch im Zweiten Weltkrieg gab es erbitterte Kämpfe.

Hoch über der Maas erhebt sich die Festung von Namur.

Die vielen Kämpfe und Zerstörungen, die im Mittelalter und der frühen Neuzeit über Namur hereinbrachen, haben natürlich nur wenige alte Baudenkmäler übrig gelassen, zwei davon sind die alte Fleischhalle von 1580 und der Belfried aus dem 14. Jahrhundert. Dafür sind aus der Barockzeit großartige Bauten geblieben, die vielfach von italienischen Architekten geschaffen wurden und Namur oft den Namen einer belgischen Barockstadt eintragen. Das schönste Bauwerk aus dieser Zeit ist sicherlich die Kirche St. Loup, die einmal als „steingewordene Gegenreformation" bezeichnet worden ist. Sowohl die gelungene Fassade als auch das wie ein einziger Farben- und Formenrausch des Barock wirkende Innere machen diese Kirche zu einer Kostbarkeit Belgiens.

Ein kostbares Kreuz aus dem Schatz des Hugo von Oignies in Namur.

Einen besonderen Reiz für die Besucher von Namur macht die Seilbahnfahrt zur Zitadelle aus. Dabei schwebt man rund eine Viertelstunde über eine Strecke von 2200 Metern über die Stadt und genießt die großartige Aussicht. Oben auf dem weiten Plateau finden sich noch Reste der Befestigungsanlagen, die zerstört wurden, als 1692 die Stadt durch Wilhelm von Oranien erobert wurde. Es sind vor allem das so genannte Bordialtor, das Fort von Orange, die Festung Terranova und Reste der alten Burg Namur.

Über die Grenzen Belgiens hinaus berühmt wurde Namur vor Jahren, als belgische Tourismusmanager die sieben kostbarsten mittelalterlichen Kunstwerke des Landes der Welt unter dem Motto „Die sieben Wunder Belgiens" vorstellten. Eines dieser Wunder ist der Schatz des Hugo von Oignies. Er gilt als kostbarster Goldschmiedeschatz Belgiens. Im kleinen Dorf Oignies im Hennegau hat der Goldschmied Hugo im Übergang von der Romanik zur Gotik die rund 40 Stücke dieses Schatzes – Evangeliare, Reliquiare, Kelche, Kreuze und andere liturgische Gegenstände – geschaffen.

Wegen einer einzigen Kuh wurde das Schloss zerstört

Fremdenführer im Schloss Spontin wussten viel zu erzählen, wenn es um die Geschichte dieses Wasserschlosses ging. Ins Schmunzeln konnten sie dabei kommen, wenn es um die Zerstörung von Schloss Spontin im Jahre 1276 ging, auch wenn eine Zerstörung eigentlich selten etwas Lustiges an sich hat. Das Schmunzeln bezog sich dabei auch nicht

Eine Anlage wie aus dem Bilderbuch: das Schloss Spontin

auf die Zerstörung des damals gerade erst rund 100 Jahre alten und sicherlich noch nicht so prächtigen Feudalbaus, sondern auf den Grund für die Zerstörung: eine Kuh! Nicht überliefert ist, ob es sich dabei um eine der typischen weißblauen Ardennenkühe gehandelt hat oder es eine braune, schwarze oder gefleckte Kuh war.

Spontin, oft als schönstes Wasserschloss Belgiens gerühmt, lockt zwar viele Besucher an, doch die Landschaft, das so genannte Condroz, ist alles andere als überlaufen. Wer hier unterwegs ist, begegnet vor allem Kühen in großen und kleinen Herden. Im Mittelalter war mitunter schon der Besitz einer einzigen Kuh ein kostbarer Schatz, und so galt es als Frevel, wenn ein Bauer aus dem Condroz eine Kuh von einer fremden Weide gestohlen hatte. Wurde der Bauer dabei erwischt, so wurde ihm der Prozess gemacht und das Urteil sofort vollstreckt: Der Kuhdieb wurde öffentlich hingerichtet. Das hat zu einem Krieg geführt, der zwei Jahre lang gedauert hat.

Ein solcher Dieb hatte im Herrschaftsgebiet des Fürstbischofs von Lüttich gelebt, war also Lütticher Untertan, gestohlen hatte er jedoch im Nachbarland, im Territorium der Herren von Beaufort, damals Besitzer von Spontin. Die Herren von Beaufort ihrerseits aber waren Lehnleute der mächtigen Grafen von Namur. Sie waren verantwortlich für das Todesurteil und dessen Vollstreckung an einem „Ausländer."

Der Fürstbischof von Lüttich empfand diesen Prozess und die Urteilsvollstreckung als feindliche Handlung des Grafen von Namur und überzog das Land mit Krieg. Während dieses Krieges wurde auch Schloss Spontin eingeäschert, weil es dem „Feind" gehörte. Heute versucht man, touristisches Kapital aus diesem Kuhkrieg zu schlagen, lockt mit der ausgeschilderten „Route des Kuhkrieges" Besucher in die stille Landschaft, in der so unendlich viele Artgenossinnen der berühmt gewordenen Ahnin auf den Weiden stehen und die Besucher mit ihren großen Augen anschauen.

AUCH BELGIEN HAT SEIN VERSAILLES

Unweit der Barockstadt Namur liegt nahe der Mündung des Rouillon in die Maas Schloss Annevoie, das „belgische Versailles." In dem nicht sonderlich großen Schlosspark, der hier nach 1730 entstanden ist, steht der Ankömmling staunend und sinnierend.

Wie kann in diesem kleinen Park etwas vor sich gehen, mag er sich fragen, das in Gang zu setzen die Gartenmeister des Sonnenkönigs in Versailles eine höchst aufwändige technische Anlage abverlangt hatte?

Und selbst dann sprudelten die Fontänen, stiegen die Wasserspiele von Versailles für höchstens eine halbe Stunde. Dann war alles vorbei und die Bassins waren leer.

Schloss Annevoie

Wasserspiele im Schlosspark von Annevoie

Hier aber, in der Parkanlage, in der englische, französische und italienische Stilelemente miteinander verwoben sind, schießen die Fontänen seit mehr als 250 Jahren unablässig, Tag und Nacht, Sommer wie Winter.

Des Rätsels Lösung ist simpel: Der natürliche Druck des von der Höhe herabstürzenden und in verschiedene Leitungen geführten Wassers macht es möglich. Mitte des 18. Jahrhunderts ließ Graf Charles-Alexis de Montpellier, der durch Rüstungsaufträge im Maastal reich geworden war, den kleinen Park bei seinem Schloss so gestalten, dass er ganz vom Wasser geprägt wurde. Montpellier ließ in der Nähe vier Quellen fassen und deren Wasser in ein großes Becken auf die Höhe eines Hügels leiten, der seinem Schloss gegenüberliegt. Von dort stürzt das Wasser in den Park hinein, bildet Springbrunnen und Fontänen, Schleier, Wasserfälle, spritzende Strahlen und Wasserwände – ein ganzes Büffet von kleinen, aus sprühendem Wasser geformten Fächern.

Gegenüber diesem aufwändig gestalteten Park erscheint das Schloss Annevoie eher bescheiden und als nichts anderes als ein typischer Herrensitz aus dem 18. Jahrhundert.

i *Les Jardins d'Annevoie*
37, rue des Jardins
B-5537 Annevoie
Tel.: 0032-82-61 15 55
Fax: 0032-82-61 47 47
E-mail: info@jardins.dannevoie.be
www.jardins.dannevoie. be

DIE ROUTE DES KUHKRIEGES IM ÜBERBLICK

Der Rundkurs der Route des Kuhkrieges zieht sich von und nach Namur 107 Kilometer weit durch das liebliche, aber weitgehend abseits des großen Tourismus gelegene Condroz. Lediglich der Abstecher nach Annevoie, dem belgischen Versailles, führt kurz über die Maas ins Tal des Rouillonbaches.

Namur als Beginn und Ende des Rundkurses ist mehr als nur einen Besuch wert.

Es geht dann im Uhrzeigersinn ein wenig abseits der Maas über Wierde und Mozet, Goyet und Faulx-les-Tombes nach Andenne. Die nächsten Stationen gehen von Andenelle, Saint Mort, Jaelle, Tahier, Ossogne nach Ciney und schließlich über Spontin, Crupet und Dave zurück nach Namur.

Sehenswürdigkeiten entlang der Route
Namur: Zitadelle und Seilbahnfahrt; Goldschmiedeschatz (rue Julie Biliard 17); Archäologisches Museum in der Fleischhalle an der Maasbrücke; Kathedrale St. Aubain im Stil des italienischen Barock; Kirche St. Loup, schönste Barockkirche der Stadt; Kirche St.. Jean Baptiste aus dem 13. Jahrhundert mit Gemälden aus der Rubensschule; Altstadtpartien in der rue des Brasseurs, vor allem das von 1621 stammende Haus des Malers Felicien Rops.

Marche-les-Dames, 6 Kilometer maasabwärts. In den Felswänden, die hier über die Maas aufragen, stürzte im Februar 1934 der belgische König Albert I. beim Klettern tödlich ab. Lecker sind die Erdbeeren von Wépion, der „Welthauptstadt der Erdbeeren" an der Maas bei Namur, wie es einmal enthusiastisch hieß. Rund 50 Hektar Land sind mit Erdbeerstauden bepflanzt, und alljährlich feiert man hier Ende Juni das Erdbeerfest.

Infos: Syndicat d'Initiative de Namur,
Square de l'Europe Unie
B–5000 Namur
Tel.: 0032-81-246449
Fax: 0032-81-247128
www.ville.namur.be
E-Mail: tourisme@ville.namur.be

Wierde: Die Stadt hat eine sehenswerte romanische Kirche aus dem 12. Jahrhundert.

Mozet lohnt einen Rundgang. Das Dorf ist ein typisches Dorf des Condroz, in dem alle Häuser massiv aus Bruchsteinen gebaut sind. Es gehört zur Vereinigung der „Schönsten Dörfer der Wallonie".

Goyet: Goyet ist zwar nur ein Weiler in der Gemeinde Mozet, doch sicherlich der hübscheste Ort im Tal des Samson, durch den die Route führt. Hier haben sich die Menschen offensichtlich schon immer wohl gefühlt, hat man doch in den Höhlen von Goyet die Spuren und Überreste jahrtausendealter Besiedlung von der Altsteinzeit bis zur Neusteinzeit gefunden. Das bedeutet, dass in diesem idyllischen Ardennental Menschen über einen Zeitraum von etwa 200.000 bis 6.000 v. Chr. gelebt haben - Neandertaler ebenso wie Cro-Magnon-Menschen!

Faulx-les-Tombes: Das über dem Samsonfluss aufragende gotische Schloss hat mit seinen zahlreichen Türmen etwas von einem Märchenschloss an sich. Im Kern stammt das Schloss aus dem 15. Jahrhundert, wesentliche Partien wurden jedoch im 18. Jahrhundert der gotischen Stilepoche nachempfunden und neu gebaut.

Andenne: Das Städtchen an der Maas ist zwar heute vor allem wegen seiner Keramik- und Porzellanindustrie bekannt, die möglicherweise schon von den Römern hier begründet wurde, doch lohnt sich auf jeden Fall ein Besuch schon der Stiftskirche der heiligen Begga wegen. Die hier geborene Heilige war eine Großmutter von Karl Martell. Kostbar ist ihr um 1570 entstandener Reliquienschrein, den man durchaus als würdigen Nachfolger der Reliquienschreine des Maaslandes im 11. und 12. Jahrhundert bezeichnen kann. Lecker sind die seit alters her in Andenne hergestellten Franchipantorten.

Andenelle: Nur zwei Kilometer von Andenne entfernt stößt man in Andenelle auf die angeblich älteste romanische Kirche Belgiens.

Jallet: In diesem kleinen Dorf hat der Krieg um eine Kuh seinerzeit begonnen.

Tahier: Der winzige Ort wartet mit einer Kuriosität auf. Die romanische Kirche, deren Turm aus dem 11. Jahrhundert stammt, wurde an einen uralten Wehrhof angebaut.

Ciney: Das Städtchen gilt als Hauptstadt des Condroz. Von seiner reichen Vergangenheit ist allerdings nicht mehr viel geblieben. Lecker: Berühmt ist Ciney heute durch ein besonderes Bier, das „Cinacienne“ und seine Makronentorten; in Ciney wurden die weißblauen Ardennenkühe erstmals gezüchtet, die Rasse Blanc Bleu Belge. Jeden Freitag findet in Ciney ein großer Viehmarkt statt. Viel besucht sind auch die zweimal im Jahr veranstalteten Antikwochenenden von Ciney.

Infos: Syndicat d'Initiative de Ciney, Rue du Centra, 35, B–5590 Ciney,
Tel.: 0032-83-231010
Fax: 0032-83-231667
www.ciney.be/tourisme
E-Mail: contact@ciney.be

Spontin: Das nahe der Maas auf einer Insel im Fluss Bocq gelegene Schloss Spontin war bis vor wenigen Jahren sicherlich eines der schönsten Schlösser der Ardennen. Leider verkommt es inzwischen zunehmend. Man kann es zwar noch besichtigen, doch die Säle sind leer.

Crupet: Wie Mozet gehört auch dieses hübsche Condrozdorf zu der Vereinigung „Schönste Dörfer der Wallonie“. Es lohnt also anzuhalten, auszusteigen und ein wenig zu bummeln.

Infos: Maison du Tourisme du Pays de Namur
Tel.: 0032-81-246449
Fax: 0032-81-247128
E-Mail:
maison.tourisme.namur@ville.namur.be

Dave: Auf der Rückfahrt nach Namur führt die Route an der Maas-Insel von Dave vorbei, die als größte Insel Belgiens gilt.

TIPP

Gute Adressen am Wegesrand

NAMUR: Hotel Les Tanneurs mit Restaurant Le Grill des Tanneurs
Rue des Tanneries 13
B–5000 Namur

Das Hotel gehört zu einem gastronomischen Ensemble von insgesamt 11 Häusern aus dem 17. Jahrhundert in der Altstadt von Namur.
Tel.: 0032-81-240024
Fax: 0032-81-240025
E-Mail: info@tanneurs.com:

CRUPET: Le Moulin des Ramiers mit Restaurant Les Ramiers
Rue Basse 31–32
B–5332 Crupet
Tel.: 0032-83-699070
Fax: 0032-83-699868.

CINEY: Hotel le Surlemont
Rue de Surlemont 9, B–5590 Ciney
Tel.: 0032-83-230868
Fax: 0032-83-230869
www.surlemont.be
E-Mail: hotel.surlemont@skynet.be

Nähere Informationen: Fédération du Tourisme de la Province de Namur
Av. Reine Astrid 22, B–5000 Namur
Tel.: 0032-81-749900
Fax: 0032-81-749929
www.ftpn.be
E-Mail: capnam@ftpn.be

Die Route auf den Spuren Karls des Großen (Circuit Charlemagne)

Besuch beim heiligen Hadelin

Celles in den Ardennen ist ist ein Dorf wie aus dem Bilderbuch. Eine Hand voll Häuser sind es nur, die hier im engen Waldtal an einem kleinen Zufluss zur wild-romantischen Lesse zusammengedrängt stehen. Aus grauen Steinen gebaut und mit verwitterten Schieferplatten gedeckt sind diese Häuser, sodass der Besucher ahnen kann, Celles muss alt, sehr alt sein.

Die Ahnung wird zur Gewissheit, wenn der Blick auf die Kirche fällt, die an den Berghang geschmiegt die alten Häuser überragt. Sie, oder besser das heute verschwundene Kloster, zu dem sie einst gehörte, war die Keimzelle des winzigen Ortes, dessen Name ohnehin an eine Klosterzelle erinnert. Der heilige Hadelin, ein als Klostergründer bekannt gewordener Heiliger, hat vor rund 1000 Jahren das Kloster hier im Waldtal gegründet. Jahrhundertelang wurden seine Reliquien in der Kirche aufbewahrt und verehrt, bis sie in die Kirche eines anderen von ihm gestifteten Klosters überführt wurden: nach Visé bei Lüttich.

Außer der Tatsache, dass dieser Heilige mehrere Klöster in den Ardennen gegründet hat, ist von ihm heute nichts bekannt. Mit der Kirche von Celles hat er allerdings ein

Die Klosterkirche St. Hadelin in Celles

Schloss Vèves

Denkmal gesetzt, um dessentwillen Kunsthistoriker gern ins stille Waldtal kommen. Gilt doch die heute so genannte Kollegiatskirche von Celles mit ihrem wuchtigen Haupt- und den zierlichen Nebentürmen als das schönste und markanteste Beispiel einer romanischen Kirche im belgischen Maasland. Nur ein ebenbürtiges Gegenstück nennen die Fachleute: die Kirche des nahe gelegenen Hastière-par-delà an der Maas. Noch ein Superlativ gilt für die Kirche: Sie birgt das angeblich älteste Chorgestühl.

Gründe, um in Celles Station zu machen, gibt es viele. Da ist einmal die Landschaft des Lessetales, eines der schönsten Flusstäler der Ardennen. Zum anderen liegt nur wenige Minuten von Celles entfernt auf einem steil aufragenden Bergrücken eines der schönsten und eindrucksvollsten Schlösser der Ardennen – Schloss Vêves. Das Schloss, das besichtigt werden kann, geht auf einen Bau aus dem frühen 12. Jahrhundert zurück. Im 15. Jahrhundert wurde er teilweise zerstört, unmittelbar danach aber wieder aufgebaut, die erhalten gebliebenen Teile sind heute noch gut erkennbar.

Wie das Schloss auf seinem Bergsporn über dem Zusammenfluss zweier kleiner Wasserläufe thront, könnte man der Überlieferung glauben, nach der bereits der fränkische Hausmeier Pippin II., ein Urgroßvater Karls des Großen, Ende des 7. Jahrhunderts hier eine Wehranlage hatte bauen lassen. So schön das allgemein zugängliche und heute als Museum zu bestaunende Schloss auch ist - von den im 18. Jahrhundert so berühmten französischen Gärten, in die es eingebettet war, ist leider nichts mehr übrig geblieben. An sie erinnert nur noch die Beschreibung in einem Reisebuch des 18. Jahrhunderts mit dem beziehungsreichen Titel „Die Wonnen des Landes von Lüttich“.

Das Pferd Bayard blieb hier versteinert stehen

Nirgends ist das Tal der Maas so aufregend schön und großartig wie dort, wo der Fluss von Frankreich kommend Belgien erreicht und Richtung Namur fließt, tief eingeschnitten in die Waldberge der Ardennen auf der einen und des Hennegau auf der anderen Seite. In ihren Wassern spiegeln sich steil aufragende, bizarre Kalksteinfelsen und mächtige Zitadellen, prächtige Schlösser, romanische Kirchen und romantische kleine Städte. Mitten in dieser Landschaft liegt Dinant.

Man muss Dinant von der Höhe aus sehen und erleben, von der Plattform der Zitadelle aus zum Beispiel. Da geht der Blick zwischen rotem Fingerhut, gelben Königskerzen und blauen Glockenblumen auf die Stadt und den Fluss. Tief unten drängen sich die steilen und spitzen Giebel der alten Häuser von Dinant. Da reckt sich wie ein erhobener Zeigefinger der Turm der Liebfrauenkirche in die Höhe. Und in mächtigen Windungen, vom nahen Frankreich her kommend, zieht die Maas an allem vorbei, von Wäldern und Felsen flankiert.

Dinant ist mit seiner malerischen Lage unter dem steil aufragenden, die alte Zitadelle tragenden Felsen, mit seinen seit Jahrhunderten kaum veränderten Gassen, Straßen und Plätzen sicherlich einer der sehenswertesten Orte Belgiens. Ihre einstige wirtschaftliche Bedeutung verdankte die Stadt seit dem 13. Jahrhundert der über die Ardennen und die Nordeifel von Stolberg bei Aachen herüberziehenden Kupferstraße und ihren Kunsthandwerkern. Sie stellten die damals überall beliebten „Dinanderien“ her, aus Kupfer getriebene oder geschlagene und verzierte Gegenstände aller Art. Vor allem nach England wurde diese Ware exportiert. Dinant war damals so wohlhabend, dass es als einzige Stadt der Wallo-

Kirche und Zitadelle beherrschen das Bild von Dinant.

nie sogar Mitglied der berühmten Hanse war. Heute füllen die „Dinanderien" wieder die Schaufenster der Maasstadt, denn man hat sich wieder auf die alte kunsthandwerkliche Tradition besonnen. In Dinant wurde auch der Erfinder des nach ihm benannten Saxophons, Adolphe Sax, geboren.

Kelten haben in dieser Region gesiedelt, die Römer bauten ein Kastell zum Schutz des Maasüberganges. 1070 wurden die Fürstbischöfe von Lüttich alleinige Herren über

Mit dem Bau der Stiftskirche Notre-Dame in Dinant wurde 1277 begonnen.

Dinant. Doch der Reichtum und das damit wachsende Selbstbewusstsein der Bürger kollidierte häufig mit den Herrschaftsansprüchen der Lütticher. Dinant kann für sich in Anspruch nehmen die im Laufe der Geschichte am häufigsten zerstörte Stadt Europas zu sein.

1466 eroberten die Burgunder unter Philipp dem Guten die Stadt und äscherten sie ein. Rund 800 Einwohner sollen die Burgunder jeweils Rücken an Rücken aneinandergebunden in die Maas geworfen und ertränkt haben. 1554 zerstörten die Franzosen die Stadt. Leider haben auch die Deutschen bei den Zerstörungen kräftig mitgeholfen. Am 15. August 1914 ging Dinant im deutschen Artilleriefeuer unter, und auch im Zweiten Weltkrieg zeigten sich Deutsche in Dinant als Zerstörer.

Anlass für fremde Mächte, Dinant anzugreifen, war der Reiz sich in den Besitz der Tal und Strom beherrschenden Festung zu bringen. Sie wurde 1040 vom Bischof von Lüttich angelegt, 1703 von den Franzosen zerstört und 1818 bis 1821 in der heutigen Form von den Niederländern wieder aufgebaut. Auf einem hoch und jäh über den Fluss aufragenden Felsen thront das Bauwerk, das der Stadt so viel Unheil gebracht hat.

Zu Füßen dieses Felsens soll bereits im 4. Jahrhundert der Kölner Bischof Maternus die erste Kirche von Dinant geweiht haben. Die Kirche, die sich heute unterhalb der Festung an den Felsen anlehnt und ihren Turm wie ein Ausrufezeichen in den Himmel streckt, stammt aus dem 12. Jahrhundert. Doch der größte Teil der Kirche

Der Bayardfelsen oberhalb der Stadt

wurde wenige Jahre nach der Einweihung durch einen Felssturz zerstört. 1277 begann dann der Bau der heute noch das Stadtbild prägenden Stiftskirche Notre-Dame mit dem markanten Zwiebelturm. Dieser war ursprünglich für das Rathaus bestimmt und wurde 1566 an der Kirche aufgebaut.

Eine steile Treppenanlage mit 406 Stufen führt unmittelbar neben der Kirche auf den mehr als 100 Meter über dem Maastal aufragenden Felsen, der von der Zitadelle gekrönt ist. Der Aufstieg kostet nicht nur Mühe und Schweißtropfen, sondern auch eine Gebühr. Da entscheidet sich mancher lieber von vornherein für die Seilbahn, die ebenfalls neben der Kirche ihre Talstation hat. Man kann übrigens auch auf Umwegen mit dem eigenen Wagen die Höhe der Zitadelle erreichen.

Eine Fahrt mit dem Flussboot von Dinant aus maasaufwärts sollte man sich nicht entgehen lassen, schon des Rocher Bayard wegen, der oberhalb der Stadt über der Maas aufragt. Diesen Felsen umrankt die Sage von den vier Haymonskindern. Alle vier zusammen irrten auf dem Riesenpferd Bayard durch die Ardennenwälder. Bei Dinant setzte das Ross über den Fluss – und blieb versteinert stehen. Mit etwas Fantasie lassen sich aus der Form des Felsens die Umrisse eines mächtigen Pferderückens erkennen, auf dem vier Gestalten sitzen.

Ludwig XIV. und der Kaffee

Bei ihrem rund 600 Kilometer langen Lauf von den Quellen des Stromes im französischen Lothringen kommt die Maas an mancherlei Burgen, Schlössern und Festungen vorbei, wobei der Flussabschnitt zwischen der belgisch-französischen Grenze und Lüttich das Tal der feudalen Schlösser ist, die hier auf Besucher warten, auch wenn sie nicht alle als Hotels oder Restaurants dienen. Dennoch sind die meisten Schlösser im belgischen Maastal touristische Sehenswürdigkeiten.

Das beginnt bereits mit Schloss Freyr, an dem die Maas vorbeizieht, wenige Kilometer nachdem sie belgisches Gebiet erreicht hat. Das Schloss mit seinen Gartenanlagen gehört zu den größten und aufwändigsten Schlossanlagen Belgiens. Wann und wie es genau entstanden ist, weiß man nicht.

Nach 1637 wurde das Schloss in einem sanft zum Strom hin abfallenden Gelände allmählich umgebaut. So sah Frankreichs König Ludwig IV. Freyr, als er 1675 die nahe gelegene Stadt Dinant belagerte. Im gleichen Jahr wurde in Schloss Freyr ein Handelsabkommen zwischen Frankreich und Spanien, dem das heutige Belgien als Teil der damaligen Niederlande angehörte, geschlossen. Als „Freyr-Abkommen" ist es in die Wirtschaftsgeschichte eingegangen. Zum ersten Mal soll aus diesem Anlass in den Niederlanden Kaffee getrunken worden sein.

Die Herren von Freyr haben immer ein großes offenes Haus geführt. Voltaire war hier zu Gast, Rousseau, Heinrich IV., auch Stanislaus Leszcynki, der Schwiegervater Ludwigs XV. Der polnische König, der von August dem Starken vom Thron gedrängt worden war und in Nancy im Exil lebte, war oft Gast in Freyr. Ihm verdankt das Schloss die kostbaren, den berühmten Toren von Nancy nachgebildeten schmiedeeisernen Tore und 33 Orangenbäume, die inzwischen mehr als 300 Jahre alt sind. Im Sommer umstehen sie die „Liliputaner-Weiher", wie Victor Hugo einmal die kleinen Weiher im oberen Teil des Gartens genannt hat. Freyr ist der einzige Besitz an der Maas zwischen Frankreich und der Nordsee, der vom 17. Jahrhundert bis heute unverändert in seiner Größe geblieben ist.

Nicht alle Schlösser links und rechts der Maas sind allgemein zugänglich, nicht alle Schlossherren haben es nötig ihren Etat für

Schloss Freyr ist noch bewohnt und befindet sich nunmehr im Besitz einer Stiftung.

Schloss Walzin

die Erhaltung des Besitzes durch Eintrittsgelder aufzubessern. So etwa die Herren von Walzin. Auf einem jäh aus dem Tal der Lesse, unmittelbar vor deren Einmündung in die Maas bei Dinant aufragenden Felsen, thront dieses Schloss wie ein unzugänglicher Adlerhorst. Der Besucher muss sich damit begnügen, den imposanten Eindruck von unten zu genießen oder sich am Spiegelbild von Walzin im Wasser der Lesse zu erfreuen.

DIE ROUTE AUF DEN SPUREN KARLS DES GROSSEN IM ÜBERBLICK

Dieser Rundkurs auf den Spuren Karls des Großen von und nach Dinant erschließt das Tal der oberen Maas auf einer Länge von 157 Kilometern. Von Dinant aus geht es nach Waulsort, Hastière, Denée-Maredsous nach Bouvignes und weiter über Annevoie, Godinne, Yvoir, Celles, Furfooz und Anseremme nach Dinant.

Sehenswürdigkeiten entlang der Route

Dinant: Die Stiftskirche Notre-Dame, angeblich aus dem 4. Jahrhundert stammend, ist im Wesentlichen ein Bau des 13. Jahrhunderts. Im Inneren sind ein Taufbecken von 1472, die Kanzel aus dem 18. Jahrhundert, ein Ambo (Lesepult) und ein Osterkerzenleuchter von 3 Metern Höhe aus Messing sehenswert.

Zitadelle: Aufstieg über eine Treppe (408 Stufen) oder Auffahrt mit dem Lift (beides gebührenpflichtig) oder Zufahrt mit dem Wagen. Einzigartiger Blick aus der Höhe über Stadt und Fluss. In der Zitadelle sind zu besichtigen die Kasematten, die Galerien und ein Museum sowie der Saal, in dem 1914 erbitterte Kämpfe zwischen deutschen und französischen Truppen stattgefunden haben.

Rathaus an der Stelle des einstigen fürstbischöflichen Palastes; **Abtei Leffe**: In der 1152 gegründeten Prämonstratenserabtei wird heute noch nach dem Rezept von 1240 das berühmte Leffe-Bier gebraut, das meistgetrunkene Abteibier in Belgien. Die Abteikirche aus dem frühen 18. Jahrhundert birgt eine Madonna mit Kind aus dem 15. Jahrhundert, einen Kalvarienberg aus dem 16. Jahrhundert sowie die Kopie eines Gemäldes von Hugo van der Goes „Anbetung der Weisen", dessen Original in Florenz hängt.

Grotten „La Merveilleuse": Diese Tropfsteinhöhlen gehören zu den schönsten in den Ardennen.

Bayardfelsen: Am eindrucksvollsten erlebt man diesen markanten Felsen bei einer Rundfahrt mit dem Ausflugsboot oder vom gegenüberliegenden linken Maasufer aus.

Eine Kuriosität ist die alljährlich im August auf der Maas veranstaltete Badewannenregatta.

Lecker sind die berühmten „Couques" von Dinant, ein Gebäck, das seine Entstehung der Belagerung durch Karl den Kühnen im 15. Jahrhundert verdankt. Die Dinanter hatten nichts mehr zu essen, außer Honig und Mehl. Daraus mischten sie einen Teig, der in Formen gepresst und gebacken wurde. In allen Bäckereien und Konditoreien der Stadt werden die heute in hübschen Modeln hergestellten Backwaren verkauft.

Infos: Maison du Tourisme de Dinant
Rue Cadoux 8
B–5500 Dinant
Tel.: 0032-82-222870
Fax: 0032-82-227788
www.dinant-tourisme.be
E-Mail: info@dinant-tourisme.be

Freyr: Das Schloss ist eines der ältesten im Maastal und hat in mannigfacher Hinsicht Geschichte gemacht (siehe Ludwig XIV. und der Kaffee).

Hastière: An den Ufern der Maas liegen sich die Gemeinden Hastière-par-delà und Hastière-Lavaux gegenüber. In Hastière-par-delà auf dem rechten Ufer steht eine Kirche, die im rein maasländischen Stil zwischen 1033 und 1264 erbaut wurde.

Denée-Maredsous: Gewaltige Marmorsteinbrüche beherrschen das Bild bei Maredsous, das durch seine erst 1872 erbaute Benediktinerabtei berühmt geworden ist. Weit über die Grenzen der Ardennen hinaus ist diese Abtei durch ihre landwirtschaftlichen Produkte bekannt: Bier, Käse und Brot.

Bouvignes: Einst wie Dinant eine Stadt der Kupferverarbeitung hat Bouvignes eine sehenswerte Kirche – St. Lambert aus dem 15. Jahrhundert – und einige schöne alte Häuser, vor allem das Maison du Baillage, auch Maison Espagnole genannt.

Annevoie: Schloss Annevoie wird wegen der Wasserspiele in seinen Gärten das belgische Versailles genannt (siehe bei Route Guerre de la Vache „Auch Belgien hat sein Versailles“, St. 88-89).

Godinne: In der Höhle von Chauvaux nahe Godinne haben Forscher Knochenreste gefunden, die ihnen merkwürdig vorkamen. Ihr Untersuchungsergebnis lautete: Hier hat vor Jahrtausenden ein Kannibalenfest stattgefunden. Das ist einmalig in Belgien.

Yvoir: Das kleine Yvoir an der Maas war einmal ein wichtiger Ort der Metallverarbeitung im Dienste der Grafen von Namur. Zahlreiche Gebäude erinnern an die große Vergangenheit wie die Häuser der Eisenmeister oder alte Schmieden. Auf der in der Maas liegenden Insel wurde ein Freizeitpark angelegt.

Celles: Kollegiatskirche St. Hadelin; Ortsbild mit eng beieinander stehenden alten Ardennenhäusern; den schönsten Blick auf Dorf und Kirche hat man vom Hang oberhalb der Kirche; Schloss Vêves, das beherrschend auf einer Höhe liegt.

Furfooz: Furfooz könnte man als das Neandertal Belgiens bezeichnen, denn man hat Siedlungsspuren gefunden, die belegen, dass hier schon in prähistorischer Zeit die Höhlen von Menschen bewohnt waren. Das Lessetal um Furfooz präsentiert sich hier von seiner schönsten Seite. Zahlreiche Schluchten und Felsen bestimmen das Landschaftsbild, darunter die berühmten „Nadeln von Chaleux“.

Falmignoul: Angesichts der zahlreichen markanten Felsen in der Umgebung von Falmignoul ist es verständlich, dass sich das Dorf zum Alpinistenzentrum Belgiens entwickelt hat. Interessant ist das Fahrradmuseum.

Anseremme: Bei Anseremme erreicht die Lesse, einer der reizvollsten Ardennenflüsse und eine Hochburg des Kajaksportes in den Ardennen, die Maas. Kurz oberhalb der Mündung ragt Schloss Walzin auf einem hohen Felsen über dem Wasser auf. Kajakfahrten auf der Lesse: Von Houyet nach Anseremme 21 km (5 Stunden) oder von Gendron nach Anseremme 12 km (2 Stunden). Es gibt einen Pendelzug ab Anseremme.

Infos: B–5500 Anseremme-Dinant
rue du Vélodrome 15
Tel.: 0032-82-213535
Fax: 0032-82-223344
www.ansiaux.be
E-Mail: reservation@ansiaux.be

TIPP

Gute Adressen am Wegesrand

ANSEREMME :
Hostellerie Le Freyr
Chaussée des Alpinistes 22
B–5500 Anseremme
Das Restaurant des Hauses gilt als Feinschmeckertempel.
Tel.: 0032-82-222575
Fax: 0032-82-227042
www.horest.be

GEDINNE : Moulin de Boiron
Route de Gedinne-Rienne 128
B–5575 Gedinne
Tel.: 0032-61-589959
Fax: 0032-61-589809
www.moulin-de-boiron.com,
E-Mail: info@moulin-de-boiron.com

CELLES :
Hotel-Restaurant La Clochette
Rue de Vêves 1
B–5561 Celles
Tel.: 0032-82-666535
Fax: 0032-82-667791.

Nähere Informationen: Fédération du Tourisme de la Province de Namur
Av. Reine Astrid 22
B–5000 Namur
Tel.: 0032-81-749900
Fax: 0032-81-749929
www.ftpn.be
E-Mail: capnam@ftpn.be

Die Route der ungewöhnlichen Landschaften (Route des Paysages Insolites)

In Aladins Wunderreich

In der riesigen Felsenhalle wird es plötzlich dunkel. Einen Augenblick stehen die Besucher fast erschrocken da. Dann löst sich in der Ferne hoch oben ein winziges Licht, kommt näher, wird größer und zeigt sich schließlich als lodernde Fackel, die in weiten Sprüngen über gewaltige Geröllhalden heruntergebracht wird.

Dieser Fackellauf in der Salle du Dome veranschaulicht die gewaltigen Ausmaße dieser unterirdischen Halle, die 154 Meter lang, 140 Meter breit und 129 Meter hoch ist und sich damit als das Prunkstück der Grotten von Han-sur-Lesse im Südosten der Provinz Namur erweist. Mit ihren ständig wechselnden, unvorstellbar formenreichen Tropfsteinbildungen, den Sälen, Gängen und unterirdischen Seen und Flussläufen sind diese Grotten sicherlich die schönsten Europas. Größer ist nur noch die Adelsberger Grotte von Postoina in Slowenien.

Schon der Start zur Grottenbesichtigung ist ein ausgemachtes Vergnügen, an dem vor allem Kinder immer wieder ihre Freude haben. Vom Ortszentrum des kleinen Han-sur-Lesse aus, wo man die Eintrittskarten löst, fährt man mit einer alten Straßenbahn gemächlich zum 3 Kilometer entfernten

Die unterirdische Welt der Grotten von Han-sur-Lesse zieht jährlich mehr als 300.000 Besucher an.

Lavaux-Ste-Anne

Grotteneingang. Gleich neben ihm verschwindet die Lesse – einer der schönsten kleinen Ardennenflüsse – brausend in der Unterwelt. Man kennt die unterirdischen Passagen des Flusslaufes bis heute nur zu einem kleinen Teil, obwohl die Höhlen selber schon seit 1571 bekannt sind. Doch haben Funde bewiesen, dass die Grotten bereits vor 8.000 Jahren prähistorischen Ardennenjägern als Wohnung oder zumindest als Zufluchtsort gedient haben.

Die Grotten bestehen aus einem weit verzweigten Höhlensystem mit einer Gesamtlänge von 5 Kilometern. Davon ist eine Strecke von 3 Kilometern für Besucher zugänglich. Einige der Säle, die man dabei kennen lernt, wurden erst 1962 entdeckt. Dank einer geschickt angebrachten und verteilten Beleuchtung ist die Wirkung des Grottenerlebnisses mit den oft bizarr geformten Tropfsteinbildungen auf die Besucher faszinierend. Da wechseln mächtige Stalagmiten, Tropfsteingebilde, die im Laufe der Jahrtausende allmählich vom Boden hoch gewachsen sind, mit filigranhaften Stalagtiten ab, die von der oft mehr als 100 Meter hohen Decke in unzähligen Zacken, Stäben oder Vorhängen herabhängen. Mal verengt sich der Verbindungsweg von einem Saal zum anderen. Durchs Halbdunkel geht der Besucher gebückten Hauptes, und plötzlich erstrahlen ringsum unzählige feine Vorhänge – von Abertausenden von Kristallen wie von Diamanten übersät –, in denen sich das Licht bricht und es funkelt, als wäre man unversehens in Aladins Schatzkammer geraten. Besonders großartig sind dabei die vier Prachtsäle der Grotten, die „Hängenden Gärten“, die „Orientalischen Gärten“, der „Stycks“ und die „Mystérieuses“.

Irgendwann wird in der Tiefe ein unterirdischer See sichtbar, in dessen Wasser sich das Licht der Höhlenbeleuchtung spiegelt. Um die Besucher wieder ans Tageslicht zu bringen, benötigen die Boote knapp zehn Minuten.

i *Grotten von Han-sur-Lesse*
Rue Joseph Lamotte 2
5580 Han-sur-Lesse
Tel. 0032-84-37 72 12
Fax: 0032-84-37 77 12
www.grotte-de-han.be
E-mail:
grotte-de-han@grotte-de-han.be

DIE ROUTE DER UNGEWÖHNLICHEN LANDSCHAFTEN IM ÜBERBLICK

Dieser 107 km lange Rundkurs der ungewöhnlichen Landschaften beginnt und endet in dem kleinen Flecken Emptinne, der hierfür geographisch besonders günstig liegt, da er am Schnittpunkt der beiden wichtigen Nationalstraßen N4 und N97 liegt. Aus dem Condroz geht es über Ciney und Chevetogne in die Ardennen nach Rochefort, Han-sur-Lesse, Lessive, Ave et Auffe, Chanly, Lavaux-Ste-Anne, Wanlin, Houyet, Vêves und Celles zurück.

Sehenswürdigkeiten entlang der Route:
Ciney: siehe Seite 91.

Chevetogne: 1925 wurde hier ein Benediktinerkloster nach orthodoxem Ritus gegründet. Die im so genannten Nowgorod-Stil erbaute Kirche gilt als größte byzantinische Kirche in Westeuropa. Zwei griechische Maler, Kopsidis und Chochlikadis malten die Kirche mit inzwischen berühmt gewordenen Fresken aus. Die Abtei hat eine der weltweit größten und besten Sammlungen griechischer und russischer Ikonen. Chevetogne hat heute einen weit über Belgien hinaus gehenden Ruf als Stätte der Ökumene und der Einkehrtage.

Sehenswert ist auch die Domaine von Chevetogne mit ihren exzellent angelegten Themengärten.

Rochefort: Das touristisch recht bedeutsame Städtchen ist nicht nur bekannt durch die Tropfsteinhöhlen, die allerdings denen von Han-sur-Lesse erheblich nachstehen, sondern hat besondere Bedeutung als Ausgangspunkt für Exkursionen in den Naturpark von Lesse und Lhomme (auch Lomme).

Die Lesse gilt als die unzähmbare Schöne unter den Ardennenflüssen. Mal gibt sie sich sanft und lieblich, dann wieder wild und als unberechenbares Gewässer Belgiens. Auf ihrem rund 85 Kilometer langen Lauf zur Maas, die sie bei Anseremme erreicht, zeigt sich die Lesse gleichsam als Feinschmeckerin. Mal fließt sie durch die eigentliche Ardennenlandschaft, dann wieder durch die Famenne oder das Condroz. Verwunschene Flusspartien, die von dichtem Wald gesäumt sind, und in denen kleine, von Blumen bewachsene Sandbänke und Flussinseln aus dem seichten Wasser ragen, wechseln mit großartigen Felspartien ab.

Ähnlich der Semois (siehe Route Seite 119) wird auch die Lesse auf längeren Strecken kaum von einer Straße begleitet. Die Straßen kreuzen allenfalls für einen Augenblick das Tal, schwingen dann wieder ab. So ist die Lesse ein Gewässer, das vor allem von Kajakfahrern geschätzt wird.

Mit ihrem wichtigsten Zufluss, der Lhomme, teilt sich die Lesse den 818 Hektar großen Naturpark Lesse et Lhomme, der dank des hier vorherrschenden Kalkgesteins ein Blumenparadies ist. Über 600 verschiedene Blütenpflanzen haben die Botaniker in den Tälern von Lesse und Lhomme festgestellt.

Schließlich ist das Gebiet an Lesse und Lhomme extrem reich an archäologischen Fundstätten, so reich wie keine andere Stätte in Belgien.

Im Ortsteil Malagne von Rochefort bietet der archäologische Park Einblicke in das Alltagsleben der einst hier lebenden Gallier.

Lecker sind das Trappistenbier von Rochefort, die Ardennerwurst und das in Trappistenbier und Speck geschmorte Hähnchen, der Coq en bure.

Infos: Maison du Tourisme du Val de Lesse
Houyet-Rochefort
Rue de Behogne 5
B–5580 Rochefort
Tel.: 0032-84-345172
Fax: 0032-84-367930
www.valdelesse.be
E-Mail: valdelesse@tiscalinet.be

Han-sur-Lesse: Die Grotten gelten als die schönsten und nach denen von Postoina/Adelsberg in Slowenien als die zweitgrößten der Welt, ganzjährig geöffnet (siehe „In Aladins Wunderreich"). Neben dem Höhlenausgang ist das „Musée du Monde Souterrain", das „Museum der unterirdischen Welt" zu besichtigen. Es zeigt die Entstehung dieses einzigartigen Grottensystems sowie Funde, die bei diversen Erkundungen gemacht worden sind. Der Spaziergang zurück zum Dorf Han-sur-Lesse führt durch ein Gelände mit Spielplatz, Restaurant und einem Bauernhof, in dem die Multivisionsschau „Spéléothème" fantastische Einblicke in die Welt unter Tage zeigt. Wenn die Zeit noch ausreicht kann man abschließend durch ein nahes Wildreservat bummeln, wo in landschaftlich besonders schöner Umgebung einheimische Wildtiere der Ardennen und Nachzüchtungen einiger jener heute ausgestorbenen Tierarten zu sehen sind, denen einst die vorzeitlichen Ardennenjäger nachgestellt haben.

Infos: Grottes de Han-sur-Lesse
rue Joseph. Lamotte 2
B–5580 Han-sur-Lesse
Tel.: 0032-84-377212
Fax: 0032-84-377712
www.grotte-de-han.be
E-Mail: grotte-de-han@grotte-de-han.be

Lessive: Das Dorf am Zusammenfluss von Lesse und Lhomme ist ein besonderer Touristenmagnet aufgrund der Erdstation einer Weltraumfernmeldeanlage. Der Parabolspiegel, der von hier aus die Verbindung in den Weltraum zu den Satelliten der belgischen Telefon- und Telegrafenverwaltung herstellt, hat einen Durchmesser von 30 Metern und ein Gewicht von 53 Tonnen. Es gibt regelmäßig Führungen, die etwa eine Stunde dauern.
Lavaux-Ste-Anne: Hinter diesem

Namen verbirgt sich eines der schönsten Schlösser in den Ardennen. In dieser einzigen Flachlandburg der Ardennen, heute ein Wasserschloss, das aus einer mittelalterlichen Wasserburg hervorging, ist ein umfangreiches Jagdmuseum untergebracht mit einer speziellen Parforcejagd- und Falknereiabteilung. In einem Seitenflügel des Schlosses befindet sich das mit einem Michelinstern ausgezeichnete „Restaurant du Château Eric Martin".

Houyet: Der Ort ist ein beliebter Ausgangspunkt für Kajakfahrten auf der Lesse nach Anseremme und zur Maas.

Infos und Buchung
rue du Vélodrome 15
B–5500 Anseremme-Dinant
Tel.: 0032-82-213535
Fax: 0032-82-223344
www.ansiaux.be
E-Mail: reservation@ansiaux.be

Vêves: siehe Seite 103

Celles: siehe Seite 103

TIPP

Gute Adressen am Wegesrand

LAVAUX-STE-ANNE :
Restaurant du Château Eric Martin
Château Lavaux-Ste-Anne
B–5580 Lavaux-Ste-Anne
Tel.: 0032-84-388362

ROCHEFORT :
Hôtel-Restaurant Trou Maulin
Rte. de Marche 19
B–5580 Rochefort
Tel.: 0032-84-213240
Fax: 0032-84-221381

HAN-SUR-LESSE :
Hotel Ardennes
Rue des Grottes 2–6
B–5580 Han-sur-Lesse
Tel.: 0032-84-377220
Fax: 0032-84-378062

Nähere Informationen:
Fédération du Tourisme de la Province de Namur
Avenue Reine Astrid 22
B–5000 Namur
Tel.: 0032-81-749900
Fax: 0032-81-749929
www.ftpn.be
E-Mail: capnam@ftpn.be

Die Route des Unterschlupfes (Route du Maquis)

Lautlos durch grüne Einsamkeit

Die Semois wird allgemein als schönster Fluss der Ardennen bezeichnet. Wahrhaft erleben kann man das nur bei einer Fahrt mit dem Kanu flussabwärts. Drei Tage lang sind wir mit dem Faltboot unterwegs gewesen auf diesem windungsreichen Gewässer, das sich vom belgischen Lothringen, von der alten Stadt Arlon aus, immer nahe der französischen Grenze mit so vielen Windungen und Schleifen hinzieht, dass der Fluss auf einer Karte aussieht wie eine Besorgnis erregende Fieberkurve. Wir sind auf diesem geruhsam der Maas entgegenziehenden Flüsschen talwärts gepaddelt, an alten Städtchen, faszinierenden Dörfern und verfallenen Mühlen vorbei, haben Burgen, Klöster und Ruinen gesehen sowie eine Waldeinsamkeit von ungeahnten Ausmaßen. Und das im Herzen Europas.

Die Sonne brennt uns ganz gehörig auf dem Rücken, als wir an der Straßenbrücke von Florenville unser altes Faltboot aufbauen. Fliegen und Mücken schwirren in Wolken um uns. Als wir endlich auf dem Wasser sind, gluckst und plätschert es geruhsam an uns vorbei, zieht es sich um ein paar Felsblöcke, schlängelt es sich durch Wiesen und verschwindet hinter dem mächtigen Felsplateau, auf dem Florenville liegt. Ein hübsches Städtchen ist das, von den Belgiern selber oft als Sommerfrische besucht.

Geruhsames Paddeln auf der Semois bei Bouillon: Natur pur!

Ein paar Kinder, die uns zunächst von der Brücke aus zugesehen haben, kommen mit ihren Fahrrädern zu uns ans Wasser hinunter, helfen die letzten Sachen im Boot zu verstauen: Zelt und Schlafsäcke, Luftmatratzen, das Kochgeschirr, den Picknicksack. Und dann sind viele hilfsbereite Hände da, das schwere Boot aufs Wasser zu heben und zu schieben.

Wir lassen uns treiben – unter der verschnörkelten Eisenbahnbrücke hindurch, die in weiten Bögen das Tal überspannt, rücken die Luftmatrazen als Sitzpolster zurecht und sind einen Moment lang unachtsam, worauf wir uns in den dichten Beständen des Wasserhahnenfußes im seichten Wasser verheddern und nicht mehr weiterkommen. Also heißt es aussteigen und das Boot wieder flott machen, bis wir offenes, ziehendes Wasser vor uns haben.

Florenville bleibt zurück, die Straße mit ihrem Autolärm ist längst irgendwo im Hintergrund. Um uns ist nur noch grüne Welt: Wiesen, kleine Äcker, Obstgärten. Und immer mehr und immer dichterer Wald. Unendlich weit dehnen sich hier diese Wälder aus: prachtvolle Laubmischwälder beiderseits der Grenze.

Gemächlich fließt die Semois. Das Wasser ist so klar, dass wir die vielen Steine auf dem Grund sehen können. Bei Niedrigwasser ist die Semois schwierig zu befahren. Doch es hat genug geregnet in der letzten Zeit.

Hin und wieder tauchen kleine Dörfer in dieser grünen Einsamkeit auf. Eine Hand voll Häuser, um eine kleine, jahrhundertealte Kirche geschart, dann ragen die Ruinen der alten Brücke von Chassepierre aus dem Wasser auf. Senkrecht säumen die Felsen von Herbeumont das Ufer. Oben liegt die Ruine der Burg, von der aus wir einmal über die vielen Schleifen der Semois geschaut hatten. Damals wurde der Wunsch geboren, diesen kleinen Fluss abwärts zu paddeln.

Abends sind wir in Bouillon, das aufgrund seiner bilderbuchhaften Lage zwischen steilen Waldbergen, der mächtigen Burg und dem Fluss der wichtigste touristische Mittelpunkt der Ardennen in Belgien ist. Wir löffeln Eis auf der Terrasse jenes Hôtel de la Poste, in dem Napoleon III., im nahen Sedan gefangen genommen, die Nacht vom 3. zum 4. September 1870 verbrachte.

Am nächsten Morgen gibt mein Sohn nicht eher Ruhe, bis wir die Burg Bouillon besichtigt haben, die Burg jenes Ritters Gottfried von Bouillon, der Generationen von schlagfertigen Schülern auf die Frage „Wann lebte Gottfried von Bouillon?“ die Antwort: „Wenn er nichts anderes hatte“ auf die Zunge brachte.

Jener Gottfried verkaufte 1095 die Burg an den Fürstbischof von Lüttich, um die Kosten seiner Teilnahme am ersten Kreuzzug decken zu können. Damit begann eine 700-jährige unruhige Epoche für die ganze Gegend. Denn Bouillon, strategisch wichtig gelegen, wurde zum Zankapfel zwischen Lüttich, Burgund und Österreich, Spanien, den Niederlanden und Frankreich. Erst 1851 kam die kleine Stadt, zeitweise Hauptstadt eines kleinen, souveränen Territoriums, von Frankreich an Belgien.

Unterhalb von Bouillon ist der Fluss breit. Lautlos gleiten wir an den schier endlosen Waldbergen vorbei. Hier hat die Semois das Tal ganz für sich. Straßen kommen allenfalls in ihre Nähe, wenn sie von den Waldbergen herabsteigen und den Fluss überqueren müssen. Manchmal steigen abrupt Felsen aus den Wäldern am Ufer auf, dann wieder schaukelt das Boot auf dem Wasser fast im Kreis rund um einen Umlaufberg. Auf einem von ihnen liegt hoch oben das Dörfchen Corbion. Hier lebte im 16. Jahrhundert ein gewisser Monsieur Pistolet, der die nach ihm benannte Handfeuerwaffe erfand.

An einer Sandbankinsel landen wir für den Abend an, bauen unser Zelt auf, entfachen ein rauchendes Feuer zum Schutz gegen Fliegen und Mücken. In der Nacht quaken die Frösche im Röhricht und leise schlägt das Wasser der Semois gegen unsere Insel. Frühdunst liegt noch über dem Wasser, als wir weiterziehen, an einem kleinen Campingplatz vorbei, auf dem ein paar Angler vor ihrem Wohnwagen beim Frühstück sitzen. Mal liegt ein einsames Haus am Ufer, das mit seinem Mauerwerk und dem Dach aus blauschwarzen Schiefersteinen aussieht, als sei es aus dem Boden gewachsen.

Noch vor ein paar Jahrzehnten dehnten sich hier unten Tabakfelder, doch die luftigen Tabakschuppen, damals typisch für das Semoistal, sind heute verschwunden und lediglich im Provinzialmuseum in St-Hubert zu sehen.

Dann wieder passieren wir eine alte Mühle, die längst zum Ausflugslokal umfunktioniert ist. Köstliche frische Waffeln lassen wir uns hier munden – mit viel Sahne.

Burg Bouillon: In dem aus Felsen geschlagenen Saal sollen die Kreuzfahrer ihr Gelöbnis abgelegt haben.

In Poupehan hört die große Einsamkeit auf. Campingplätze säumen nun das Ufer, Wohnwagenkolonien machen sich breit. Hunde kommen ans Wasser gelaufen, bellen pflichtschuldig. Kinder waten und spielen im Wasser. Es riecht nach Pommes frites und gegrilltem Fisch von den Campingplätzen her.

Auf der Außenseite einer großen U-Schleife liegt das schöne Dorf Frahan. Wir lassen das Boot auf dem Campingplatz, steigen durch den Bergwald hinauf zum hoch gelegenen Dorf Rochehaut, von wo sich ein Blick auf die Schleifen der Semois bietet.

Hinter der nächsten oder übernächsten Schleife ist in der Ferne das Maastal zu ahnen. Da mündet die Semois nun als Semoy beim französischen Monthermé in den großen Fluss.

Bis dorthin zu paddeln ist schwierig, da wir zu viele Industriewehre umfahren müssten.

So bleiben wir auf unserem Felsen in Rochehaut sitzen, bis die Sonne hinter den Bergen drüben in Frankreich versinkt, und die Semois unten nur noch als dunkles Band in den grünen Waldbergen liegt.

Das war einmal...

DIE ROUTE DES UNTERSCHLUPFES IM ÜBERBLICK

Das französische Wort „maquis“ bedeutet degradierter mediterraner Korkeichenwald (ital. macchia) auf trockenen Silikat-Böden. „Prendre le maquis“ aber heißt „Unterschlupf suchen“ oder „sich der Widerstandsbewegung anschließen“. Das wald- und versteckreiche Tal der Semois, das von dieser Route erschlossen wird, war Ende des Zweiten Weltkriegs ein Zentrum der belgischen Widerstandsbewegung, was den Namen erklärt.

Die Route von und nach Houdremont ist 91 Kilometer lang und führt durch eine der schönsten Ardennenlandschaften überhaupt. An zahlreichen Stellen begegnet der Reisende auf dieser Route den Erinnerungen und Spuren an Kämpfe und Zerstörungen als Folge der Tätigkeit der Widerstandskämpfer. Dem Reiz dieser Landschaft (die einst das Zentrum des belgischen Tabakanbaus war) und ihrer kleinen Dörfer (vor allem entlang des Flusses) tut das jedoch keinen Abbruch. Allerdings hätten es viele, auch im Tourismus Verantwortliche in der Provinz Namur lieber gesehen, die Route würde in ihrem Namen nicht immer noch an den Krieg erinnern, sondern an die große Bedeutung, die einst der Tabakanbau hier hatte. „Route du Tabac“ wäre nach Ansicht dieser Leute der bessere Name gewesen.
Die wichtigsten Stationen sind: Nafraiture, Orchimont, Bellefontaine, Membre, Laforêt, Vresse, Cornimont, Rochehaut, Alle und Bohan.

Sehenswürdigkeiten entlang der Route:
Nafraiture: Nafraiture ist bekannt durch die alten Ardennenhäuser mit ihren typischen Dächern aus Ardennenschiefer.

Bellefontaine: Das Dorf ist wohl das besterhaltene und typischste Ardennendorf, das auf dieser Rundfahrt berührt wird. Zwischen Bellefontaine und dem nächsten Ort, Petit-Fays, liegt eine schöne alte Mühle.

Petit-Fays: Hier gibt es einige alte Häuser, deren Mauerwerk in Trockenmauerbauweise, das heißt weitgehend ohne Mörtel gebaut wurde. Die Dächer sind mit tonnenschweren Schieferplatten gedeckt.

Membre: Früher war das Dorf ein Zentrum des Tabakanbaus, heute ist es einer der touristischen Mittelpunkte im Tal der Semois. Eine großartige Aussicht über das Tal hat man vom Aussichtspunkt „Roche à Saloru“. Von hier oben ist die Semois dank ihrer vielen Schleifen gleich achtmal zu sehen!

Laforêt: Das winzige Dörfchen lohnt einen Halt, um hier „La Vieille Forge“, die alte Schmiede von 1880 anzuschauen. In diesem Museum kann der Besucher über 80 verschiedene Schmiedezangen bestaunen.
Eine Erinnerung an vergangene Zeiten ist auch „Le Pont de Claies“. Diese spezielle Art von Brücken konnte nur bei Niedrig-

wasser benutzt werden und diente vor allem Erntefahrzeugen, die mit Tabak oder Getreide von einer Seite der Semois zur anderen kommen mussten. Diese Bedeutung hat die Brücke, die jedes Jahr neu gebaut werden musste, heute nicht mehr. Nur als Schauobjekt für die Touristen wird sie immer wieder errichtet.

Vresse: Der Ort galt als Hauptort des Tabakanbaus in der Provinz Namur. Daran erinnert heute noch das Tabakmuseum. Sehenswert ist auch der Pont Saint-Lambert mit seinen drei Bögen. Auf den ersten Blick könnte die Brücke auf die Römerzeit zurückgehen, tatsächlich wurde sie 1774 gebaut.
Lecker ist das seit alters her in Vresse gewonnene Haselnussöl, das besonders für feine Salate benutzt wird.
Pont de Mouzaive, Gros-Fays und Cornimont sind entzückende Dörfer an der Semois. Ihre Häuser werden heutzutage zumeist als Zweitwohnungen genutzt.

Rochehaut: Ein Touristenzentrum, in dem während der Saison die Tabakvergangenheit für die Touristen wiederauflebt. Händler bieten dann Pfeifen, Tabak, Tabakrollen, Kautabak und alles, was in dieses Genre gehört, feil. Vom nahe gelegenen Aussichtspunkt ergibt sich einer der schönsten Ausblicke auf das Semoistal und das Dorf Frahan. Diese Partie gilt als die meistfotografierte in den Ardennen!

Alle: Hier wurde 1855 von Joseph Pierret zum ersten Mal an der Semois Tabak angebaut. Die Bevölkerung lachte damals den Pionier aus, der Erfolg hat ihm jedoch Recht gegeben. Für mehr als 100 Jahre wurde der Tabakanbau zum wichtigsten Wirtschaftsfaktor der ganzen Gegend.

Bohan: Der kleine Ort hatte im 19. Jahrhundert eine bedeutende Nagelschmiedeindustrie, in der mehr als die Hälfte der Bevölkerung beschäftigt war. Die Einführung des Tabakanbaus war ein tödlicher Schlag für die Nagelschmiede. Heute ist das Gewerbe hier völlig verschwunden. Bohan ist Ausgangspunkt für Wanderungen in den Naturpark Bohan-Membre, der sich an den Mäandern der Semois entlangzieht und eine Fläche von 177 Hektar bedeckt. Der Naturpark wird durch den Flusslauf der Semois, durch dichte Laub- und Nadelwälder, markante Felspartien und eine reiche Tier- und Pflanzenwelt geprägt.

TIPP

Gute Adressen am Wegesrand

ALLE : Hostellerie Le Charme de la Semois
Rue de Liboichant 12
B–5550 Alle
Tel.: 0032-61-508070
Fax: 0032-61-508075
www.charmedelasemois.be
E-Mail: contact@charmedelasemois.be

LAFORÊT :
Hotel-Restaurant La Sapinière
Rue Sainte Agathe 44
B–5550 Laforêt
Tel.: 0032-61-5011-69
Fax: 0032-61-501739
www.horest.be
E-Mail: sapiniere@fragates.be

Weitere Informationen: Maison du Tourisme de l'Ardenne Namuroise
Rue Albert Raty 83
B–5550 Vresse-sur-Semois
Tel.: 0032-61-292827
Fax: 0032-61-292832
www.ardenne-namuroise.be
E-Mail: tourisme.vresse@belgacom.net

WOINIC
CREATEUR ERIC SLEZIAK

Die Route der Legenden von Maas und Semois (Semoy)

Weltmeister lassen hier die Puppen tanzen

„Nur wenige Steine noch, dann hätte der Teufel es geschafft, in einer einzigen Nacht eine neue, stolze Burg in den Ardennen zu errichten. Die Seele des Grafen, für den er das Werk fertigstellen sollte, wäre sein gewesen. Doch da krähte der Hahn, und der Teufel wusste, dass er verloren hatte. Voller Wut stampfte der Betrogene mit dem Pferdefuß so heftig auf den Boden, dass das mühsam während der Nacht errichtete Burggemäuer zusammenstürzte. Seitdem liegen hier oben auf dem Roc de la Tour nur noch Trümmer der Burg, die der Teufel nicht mehr hatte fertigbauen können.“

Der Erzähler hält inne, fordert die Umstehenden auf, näher an ihn heranzutreten. Mit dem schwachen Licht ihrer Handlaternen können sie die gewaltigen Felsbrocken anleuchten, die wie gigantische Ruinenreste über dem Abgrund aufgebaut sind.

Den Abgrund sieht man jedoch nicht, denn es ist später Abend. Es geht auf Mitternacht zu bei dieser Märchenstunde der besonderen Art in den Französischen Ardennen. Jede Woche einmal steigt Luc, der Märchenerzähler, mit einer Hand voll Interessierter von

Roc de la Tour: Eine beeindruckende Landschaft eröffnet sich dem Besucher.

Monthermé an der Maas in den Bergwald hinauf und erzählt aus dem reichen Sagenschatz dieses Landes.

Am Morgen nach dieser nächtlichen Märchenrunde fahren wir nochmals hinauf auf den Berg zu den Ruinen der Teufelsburg. Angesichts der bizarren Felstrümmer, die hier im weiten Umkreis verstreut sind, aufeinander und nebeneinander liegen, wird es verständlich, dass sich die Sage schon früh dieser markanten Steine bemächtigt hat. Sogar der um seine Burg betrogene Graf ist zu erkennen. Als gebrochener Mann lehnt er versteinert an der Ruine. Von hier oben offenbaren sich die Ardennen als eine Landschaft endlos erscheinender Bergwälder, in die die Flüsse Maas und Semoy ihre Mäander wie Fieberkurven gezogen haben. Als schönster Ardennenfluss gilt dabei die Semoy, die unten in Monthermé in die Maas fließt. Hier, wo die Wälder am dichtesten und die Flusswindungen am verschlungensten erscheinen, sind die Hinweise auf Sagen und Legenden nicht zu übersehen. Kein Wunder also, dass man schon vor Jahren hier eine „Route des Légendes de Meuse et Semoy“ ausschilderte.

Das sagenhafte Pferd Bayard, das die sechskantigen Hinweisschilder auf diese Route ziert, können wir im Bergwald finden. Zusammen mit seinen vier Söhnen steht dort der Ritter Haymon vor diesem Ross und schaut versonnen über die Wälder und Täler. Was der französische Bildhauer Albert Poncin in den 1930er-Jahren hier geschaffen hat, ist allerdings nicht unumstritten in den Ardennen. Zu kriegerisch seien die Gestalten der Haymons, die in ihren langen Rittermänteln und Helmen aussehen wie ein Verschnitt zwischen mittelalterlichen Kreuzrittern und neuzeitlichen Wehrmachtssoldaten. Nicht martialisch genug sind anderen Kritikern die Gestalten des über Maas und Ardennen schauenden Ritters Haymon und seiner Söhne. Wobei vor allem gerügt wird, dass die gerade durch ihre Kämpfe so berühmt Gewordenen völlig waffenlos auf dem Felsen stehen.

Noch heute ist die Geschichte von den vier Haymonssöhnen überall in den Ardennen lebendig. Auf ihrem Riesenpferd Bayard zogen die vier jungen Ritter durch die

Ernste Blicke am Haymondenkmal

Ardennen. Sie kämpften gegen Karl den Großen und bauten Burgen, die es tatsächlich einmal gegeben hat, die heute aber verschwunden sind. Schließlich wurden sie mitsamt ihrem Riesenross versteinert – und das gleich an mehreren Stellen.

Die Ardennensage ist allerdings eine Abwandlung der im 12. Jahrhundert entstandenen Haymongeschichte. Sie gab den Stoff für das mehr als 18.000 Verse umfassende mittelalterliche französische Heldenlied „Chanson de geste“ ab. Dieses Heldenlied war damals überall bekannt, nicht zuletzt deshalb, weil seine Schauplätze über ganz Europa verstreut lagen und sogar bis ins Heilige Land gingen. Die Bedeutung, die dieser Sage beigemessen wurde, ging so weit, dass einer der vier Haymonsöhne – Regnault – sogar Heiligenkarriere machte. Nach alter kirchlicher Überlieferung, die ihre Wurzeln möglicherweise in diesem Heldenlied hat, war Regnault identisch mit dem heiligen Reinold, dem Schutzpatron Dortmunds. In Dortmunds Reinoldikirche wird der Heilige als Ritter dargestellt, zusammen mit seinem Widersacher Karl dem Großen. Eine andere Abbildung in der gleichen Kirche zeigt ihn zusammen mit seinen drei Brüdern auf dem Pferd Bayard.

Auch in Köln hat der Haymonssohn Regnault Spuren hinterlassen. In die Dombaulegende ging er als der „fromme Petersmann“ ein, auch hier fanden sich Darstellungen der vier Ardenner Ritter. Noch heute gibt es eine Straße in Köln – die Bayardsgasse; gibt es den Bayardskeller und gab es einmal eine Brauerei „Zu den vier Haymonskindern“.

Auch oberhalb des Städtchens Bogny im französischen Maastal wurden die vier Haymonssöhne versteinert, jeder für sich. Vier markante Schieferfelsen, die aus dem Bergwald herausragen, werden als die Söhne des Ritters Haymon gedeutet, so wie man weiter maasaufwärts die „Dames de Meuse“ sehen kann – die zur Strafe für ihren Ehebruch versteinerten Ritterfrauen.

Die vier Felsen von Bogny als die vier Haymonssöhne zu bezeichnen kommt gerade an dieser Stelle nicht von ungefähr, heißt doch heute noch ein Stadtteil von Bogny „Château Regnault“. Ein von Regnault angeblich gebautes Schloss hat der Siedlung den Namen gegeben.

Von dem Schloss, das im Mittelalter Mittelpunkt einer wehrhaften, selbstständigen Herrschaft gewesen ist, die sogar ihr eigenes Münzrecht hatte, ist nichts mehr übrig geblieben. Die letzten Reste verschwanden 1933, als die Jugend von Bogny die Ruinen im Berghang abtrug und hier einen Fußballplatz anlegte, nur wenige Treppenstufen unterhalb der steinernen Gestalten des Ritters Haymon und seiner Söhne.

Doch gerade im französischen Teil des großen, von Belgien und Luxemburg kommenden Waldgebirges, bedarf es kaum einer so markanten Sage, um den Besuchern vor Augen zu führen, wie sehr die Ardennen ein Land der Sagen, Legenden und Erinnerungen sind. Ob man will oder nicht, wer als Reisender in die Waldtäler zwischen Sedan und Charleville-Mézières, zwischen Revin, Givet oder Les Hautes Rivières eindringt gerät unwillkürlich auf Spurensuche. Ritter und Helden haben ihre Burgen und Schlösser hier hinterlassen, Grafen, Herzöge und Könige ihre Festungen. Fromme Mönche bauten Klöster und betriebsame Bürger malerische Städte.

Das Wildschwein ist immer dabei

Das Wildschwein, das einzige wehrhafte Tier, das aus den Zeiten der Göttin Arduinna blieb, ist heute noch allgegenwärtig. Wo immer es in den französischen Ardennen um gutes Essen geht, ist es dabei, wurde es doch als Markenzeichen der Organisation „Ardennes de France“ zum Qualitätssymbol.

Ein paar Dutzend Erzeuger landwirtschaftlicher Produkte vermarkten inzwischen ihre besten Produkte unter dem Zeichen des Wildschweins. Das regionale Gütesiegel „Ardennes de France“ mit dem unverkennbaren Schwarzkittel gibt überall im Département die Gewähr dafür, dass die Produkte unverfälscht und nach originalen, überlieferten Rezepten hergestellt sind.

Ob im Gourmetlokal oder unterwegs beim Picknick, beim Camping oder bei der Einkehr im kleinen Ausflugslokal im Wald – das Wildschwein als Markenzeichen ist immer dabei und garantiert höchste Qualität.

Natürlich gilt das erst recht für das wohl bekannteste kulinarische Produkt der Ardennen – den Schinken. Anders als im benachbarten Belgien wird er in den französischen Ardennen vor allem luftgetrocknet angeboten. Dabei ist es ein weiter Weg, bis eine solche Delikatesse ihren Weg aus dem Stall des Bauern (und nicht etwa vom

Das Wildschwein ist in den Ardennen allgegenwärtig.

großen Mastbetrieb) auf den Vorspeisenteller oder in die Hände eines Küchenchefs gefunden hat. Je nach Größe des Schinkens kann es bis zu neun Monate dauern, bis er reif ist und sein köstliches Aroma entfaltet.

Auch über die andere, weit über die Grenzen hinaus bekannte kulinarische Spezialität der Ardennen wacht das Wildschwein – über den Boudin Blanc, die Weißwurst von Rethel. Angeblich soll sie auf Verlangen von Kardinal Richelieu von einem Metzger in Rethel erstmals aus Schweinefleisch, Eiern und Milch hergestellt worden sein. Dabei blieb es bis heute, ganz gleich ob der Boudin Blanc in einem Gourmetrestaurant auf den Tisch kommt oder beim großen Weißwurstfest in Rethel angeboten wird. Ob Schweinebraten, Kalbfleisch oder Lamm, Kaninchen, Ardenner Truthahn oder Wildpasteten – alles, was lecker ist, trägt heute das Gütesiegel Wildschwein, sofern es nach dessen strengen Kriterien hergestellt ist. Und da das Essen nicht mundet, wenn es allzu trocken genossen wird, lieben die ans gute Speisen gewöhnten Ardenner seit jeher den Cidre. Auch seine Produzenten haben sich dem Wildschwein unterworfen, ebenso wie übrigens Käseproduzenten. Käse wird in den Ardennen, wie überall in Frankreich, in reicher Auswahl nach dem Essen angeboten und mit Bedacht genossen. Er rundet die Mahlzeit ab und krönt den Genuss. Manchmal fällt da die Wahl schwer, ob es ein Rocroy sein soll, ein Grand Condé, ein Carré des Remparts oder ein Ziegenkäse.

Einfacher ist es beim süßen Dessert: Die „Tarte au Sucre“ ist einfach unabdingbar, allenfalls kann noch der „Gâteau Mollet“, eine Art Gugelhupf, in Betracht kommen. Vielleicht wird auch zum Schluss noch ein kleines Wildschwein aus dunkler Schokolade serviert? Wie könnte es anders sein in diesem Land, in dem das Wildschwein immer dabei ist?

TIPP

Gute Adressen am Wegesrand

LES HAUTES RIVIÈRES:
Hotel-Restaurant Auberge en Ardenne
15, rue de l'Hôtel de Ville
F–08800 Les Hautes Rivières
Tel.: 0033-3-24534193
Fax: 0033-3-24536010

MONTHERMÉ:
Hôtel-Restaurant le Franco-Belge
2, rue Pasteur
F–08800 Monthermé
Tel.: 0033-3-24530120
Fax: 0033-3-24535449

REVIN: Hôtel-Restaurant
Le Francois 1er, 46, quai Desmoulins
F–08500 Revin
Tel.: 0033-3-24401588
Fax: 0033-3-24403293

Nähere Informationen:
Comité Départemental du Tourisme des Ardennes, 22–24 Place Ducale
F–08000 Charleville-Mézières
Tel.: 0033-3-24560608
Fax: 0033-3-24592010
E-Mail: ardennes@tourisme-ardennes.com

DIE ROUTE DER LEGENDEN VON MAAS UND SEMOY IM ÜBERBLICK

Anders als in den belgischen Ardennen sind die ausgeschilderten touristischen Routen in den französischen Ardennen meist keine Rundkurse. Sie sind jedoch genau wie in Belgien hervorragend mit den markanten sechseckigen weißen Tafeln und hübschen, aussagekräftigen Symbolen sowie den Namen der Routen ausgeschildert.

Die Straße der Legenden von Maas und Semoy (Semois) führt von Les Hautes Rivières an der Semoy immer am Fluss entlang, bis zu dessen Mündung in die Maas bei Monthermé, maasaufwärts bis Revin und endet in Rocroi. Sie ist 65 Kilometer lang und eine ausgezeichnete Ergänzung und Fortsetzung der vorhergehenden Route des Unterschlupfes.

Die wichtigsten Orte an und in der Nähe der Route sind Nohan, Tournavaux, Bovigny, Monthermé, Laifour, Revin und Rocroi.

Sehenswürdigkeiten entlang der Route:

Les Hautes Rivières: Grenzort zwischen Belgien und Frankreich. Der von Belgien her als Semois herankommende Fluss ändert hier seinen Namen in Semoy. Die Aussprache ändert sich nicht.

Eine großartige Aussicht kann man vom Croix d'Enfer (Kreuz der Hölle) genießen, etwa 2 Kilometer südlich. Der Blick von dort geht vor allem nach Norden über das wilde Tal von Linchamps mit seinen verlassenen Schmieden.

Thilay: Der Ort wird überragt von den Ruinen der Burg Linchamps und dem sagenumwobenen Felsmassiv der Dames de la Semoy. Beim nahe gelegenen Weiler Nauax lohnt sich ein Besuch der Nantaru-Schlucht.

Bogny-sur-Meuse: Oberhalb des durch seine Eisenverarbeitung früher recht bekannten und bedeutenden Maasortes haben bis 1933 die Ruinen der Burg Regnault gestanden. Die Jugend der Stadt hat sie damals abgetragen und einen Fußballplatz angelegt. Bis hierher führt die befahrbare Straße. Bergan erreicht man zu Fuß nach ein paar Minuten das markante, wenn auch umstrittene Denkmal des Ritters Haymon mit seinen vier Söhnen und dem Riesenpferd Bayard. Ob dieses Kunstwerk schön und künstlerisch wertvoll ist oder nicht, mag jeder für sich entscheiden. Einzigartig ist jedenfalls der Blick über das Maastal. Unübersehbar ist von hier oben das Felsmassiv der vier Haymonskinder sowie das der Dames de Meuse.

Einen Besuch ist in Bogny der Künstler Eric Sleziak wert, der in seiner Werkstatt das größte Wildschwein der Welt schuf,

den Woinic. In 12.000 (!) Arbeitsstunden schweißte er aus unzähligen kleinen Stahlplatten das 50 Tonnen schwere, 8,5 Meter hohe, 14 Meter lange und 5 Meter breite Tier.
Infos: Woinic:
6, rue de la Vallée, Bogny-sur-Meuse

Lohnenswert ist auch ein Besuch im Museum der Eisenverarbeitung.
Infos: Office du Tourisme
F–08120 Bogny-sur-Meuse,
103 rue de la Vallée,
Tel./Fax: 0033-3-24321199

Monthermé: Das Städtchen an der Mündung der Semoy in die Maas liegt an einer der schönsten Stellen der französischen Ardennen. In der hübschen Altstadt stehen noch viele sehenswerte alte Häuser. In der Kirche St. Léger sind Fresken aus dem 16. Jahrhundert erhalten.

Interessant ist die Kirche St. Rémy de Laval-Dieu aus dem 12. Jahrhundert. Sie war bis zur Französischen Revolution Klosterkirche der Prämonstratenser. Zahlreiche markante Felsen und Aussichtspunkte in der Umgebung von Monthermé lohnen einen Besuch, insbesondere: Roc de la Tour, 4 km östlich; Roche aux sept villages, 3 km südlich; Longue Roche, 2 km nordwestlich; Roche à sept Heures, 2 km nördlich.
Infos: Office du Tourisme
Place Jean-Baptiste Clément
F–08800 Monthermé
Tel.: 0033-3-24544673
Fax: 0033-3-24548788
E-Mail: ot.montherme@wanadoo.fr

Revin: Der Felsen Malgrétout, der durch Georges Sands gleichnamigen Roman berühmt wurde, überragt das alte Industriestädtchen Revin an der Maas. Das schönste an dieser kleinen Stadt ist ihre Lage, die man nur bei einem Blick vom Malgrétout richtig erfassen kann. Von oben erkennt man deutlich, dass die Maas die Stadt in einer engen Schlinge umschließt, sodass Revin fast zur Insel wurde.
Infos: Office du Tourisme
75, rue Victor Hugo
F–08500 Revin
Tel.: 0033-3-24401939
Fax: 0033-3-24412098
www.ville-revin.fr
E-Mail: contact@ville-revin-fr

Rocroi: Die Festungsanlagen, von Frankreichs König Heinrich II. 1555 erbaut und 1675 von Vauban umgebaut, sind ein interessantes Zeugnis der Militärarchitektur früherer Zeiten. In einem einstigen Wachlokal ist das Museum der Schlacht von Rocroi von 1643 untergebracht. Bei dieser Schlacht siegten die Franzosen unter Ludwig II. über die bis dahin als unschlagbar geltenden Spanier.
Infos: Office du Tourisme
14 Place d'Armes
F–08230 Rocroi
Tel./Fax: 0033-3-24542006
www.otrocroi.fr
E-Mail: ot.rocroi@wanadoo.fr

Die Route Rimbaud-Verlaine

Auf den Spuren der Dichter

„In meines Vaters Heimat gibt es Wälder sonder Zahl!
Zuweilen lassen Wölfe dort im Schatten ihre Augen leuchten,
und schwarz ist die Heidelbeere am Fuß der grünen Eiche.
Das Schwarz der Tiefe auf des Weihers freier Fläche; unter des Nordwinds balsamischem Wehen
springt in kleinen Wellen des Wasser auf, klar wie Kristall. Um die Dörfer aus Schieferstein
– die Dächer leuchten blau –
ziehen Wälder, Weiden und Äcker sich …"

Dieses Gedicht schrieb der Franzose Paul Verlaine. Wölfe gibt es in den Ardennen schon lange nicht mehr, doch der Dichter begegnet uns noch immer. Ziert sein Porträt doch zusammen mit dem seines Freundes Arthur Rimbaud jene Tafeln, die die touristische „Route Rimbaud–Verlaine" markieren.

Diese Route führt durch die „Wälder sonder Zahl" – durch kleine Dörfer, in denen sich die Häuser aus grauem Schiefergestein unter schwarzblauen Schieferdächern ducken, bis nach Charleville-Mézières. Zwar gehört die Kathedrale Notre-Dame d'Espérance in Mézières zu den großen spätgotischen Kirchen Frankreichs, doch die wahre Sehenswürdigkeit ist die Place Ducale. Mit ihr besitzt die kleine Ardennenstadt beiderseits der Maas eine der ganz großen städtebaulichen Kostbarkeiten Europas, die als Gegenstück nur noch die Place des Vosges in Paris hat.

Pariskenner schwärmen von der Place des Vosges in der französischen Metropole und rühmen sie wegen ihres einmaligen architektonischen Ensembles. Dass dieser Platz eine fast genaue Kopie in der kleinen Ardennenstadt Charleville-Mézières hat, ist dagegen wenig bekannt. Tatsächlich war Clément Metezeau, der die Place Ducale in den Ardennen schuf, ein Bruder von Louis Metezeau, dem Schöpfer der Place des Vosges.

Charleville

Charleville-Mézières, beiderseits der Maas in den französischen Ardennen gelegen, 55 Kilometer von der belgischen Grenze entfernt, ist die Hauptstadt des französischen Ardennendépartements. Mézières ist bei weitem die ältere der beiden Stadthälften, die erst 1966 zur heutigen Doppelstadt zusammengeschlossen wurden. Möglicherweise entstand Mézières an der Stelle einer römischen Niederlassung an der Maas. Demgegenüber wurde Charleville erst 1606 gegründet durch den Gouverneur der Champagne, den Herzog Karl von Gonzague und Mantua. Er gab der Stadt, wie es damals üblich war, seinen Namen und bescherte ihr mit dem nach seiner Herzogswürde benannten Prachtstück, der Place Ducale, dem Herzogsplatz, eine architektonische Kostbarkeit, um derentwillen alleine sich schon ein Besuch an der Maas lohnt. Zwischen 1612 und 1628 entstand auf einer Fläche von 126 mal 90 Metern um diesen Platz ein Ensemble von 23 völlig gleichartigen dreigeschossigen Pavillons, denen im Erdgeschoss Arkaden vorgesetzt sind. Unterbrochen wird diese architektonische Geschlossenheit, die man fast als Idylle bezeichnen möchte, nur durch das 1843 entstandene und als Fremdkörper wirkende Rathaus. Tatsächlich wollte der herzogliche Stadtgründer sich hier ein Schloss bauen lassen, doch die Finanzen reichten nicht.

Geht man von der Place Ducale, die normalerweise leider als Parkplatz missbraucht und nur an Markttagen von den bunten Ständen der Händler geprägt wird, zur Maas hinunter, läuft man geradewegs auf die alte Stadtmühle zu. Sie wurde vom gleichen Baumeister und im gleichen Stil wie die Pavil-

An der Place Ducale in Charleville-Mézières

lons an der Place Ducale gebaut. Ihr volkstümlicher Name, heute Rimbaud-Mühle, erinnert an den berühmtesten Sohn der Stadt.

Marionettentheater

1854 wurde in Charleville Arthur Rimbaud geboren, der Dichter, der seine Heimatstadt gehasst hat und dennoch immer wieder hierher zurückkehrte. 1891 in Marseille gestorben, ist Rimbaud in Charleville begraben. In der alten Stadtmühle am Ufer der Maas erinnert das Rimbaudmuseum an den Dichter des „trunkenen Schiffes", der „Seher", der „Illustrations" der sich in „Jahreszeiten der Hölle" auslebte und die Pariser Kommune bewunderte. Noch im „Pariser Mai" von 1968 wurde sein Name an die Hauswände gepinselt.

Rimbaud war ein vagabundierender Poet, der schon als Sechzehnjähriger an seinen Lehrer schrieb: „Meine Geburtsstadt ist unter den kleinen Provinzstädten besonders idiotisch."

Er und sein Freund Paul Verlaine waren zeitweise so etwas wie die „enfants terribles" der französischen Literatur. Dabei war die Beziehung nicht immer von Freundschaft geprägt. Zweimal versuchte Rimbaud, den Freund zu töten, was ihm Gefängnisaufenthalte eingetragen hat.

Berühmt ist Charleville-Mézières indessen auch als Marionettenstadt. Alle drei Jahre wird die Ardennenmetropole zum Treffpunkt der weltbesten Marionettenspieler, wenn hier im September das Weltfestival der Marionettentheater stattfindet. In der übrigen Zeit ist das Marionettenmuseum in Charleville eine interessante Adresse, wo man viel darüber lernen kann, wie schwierig es ist, die Fäden so zu ziehen, dass die Puppen richtig tanzen.

Unterhalb von Charleville-Mézières zieht sich die Maas bis zur belgischen Grenze durch den schönsten Abschnitt ihres ganzen Tals. Hier rücken bald die steil aufragenden

Bergwälder bis ans Wasser heran, das sich sein Bett teilweise 300 Meter tief in die Schieferfelsen eingeschnitten hat. Es ist sehr reizvoll, diesen Teil der Ardennen einmal abseits vom Straßenverkehr aus der beschaulichen Sicht des Hausbootfahrers zu erleben. Zahlreiche Bootsverleiher bieten diesbezüglich Möglichkeiten an.

Einst waren die Ardennen der keltischen Jagd- und Waldgöttin Arduinna geweiht. Deren heiliges Tier war das Wildschwein. Es ist in den Ardennen zu hohen Ehren gekommen: zum einen geräuchert, in Form von Wildschweinschinken, aber auch als offizielles Wappentier des französischen Ardennendepartements.

TIPP

Gute Adressen am Wegesrand

CHARLEVILLE-MÉZIÈRES:
Restaurant Le Val Fleuri,
Ardenner Spezialitäten
25, Quai Arthur Rimbaud
F–08000 Charleville-Mézières
Tel.: 0033-3-24599411

CHARLEVILLE-MÉZIÈRES:
Hôtel-Restaurants Le Clèves
43, rue de l'Arqebuse
F–08000 Charleville-Mézières
Tel.: 0033-3-24366500
Fax: 0033-3-24366510

GIVET: Hôtel-Restaurant Les Reflets Jaunes, 2, rue du Général de Gaulle
F–08600 Givet
Tel.: 0033-3-24428585
Fax: 0033-3-24428586

Weitere Informationen: Comité Départemental du Tourisme des Ardennes
22–24 Place Ducale
F–08000 Charleville-Mézières
Tel.: 0033-3-24560608
Fax: 0033-3-24592010
E-Mail: ardennes@tourisme-ardennes.com

DIE ROUTE RIMBAUD-VERLAINE IM ÜBERBLICK

150 Kilometer lang durchzieht diese Dichterroute die Ardennen von der Festungsstadt Givet an der französisch-belgischen Grenze bis Rethel an der Aisne. Damit führt diese Route weit aus unserem Ardennengebiet hinaus, obschon sie innerhalb des Ardennendepartements bleibt. Die wichtigsten Orte an der Route sind Givet, Rancennes, Chooz, Hierges, Vireux Molhain, Neuville-aux-Haies, Hautes Rivières, Hargnies, Joigny-sur-Meuse, Nouzonville, Charleville-Mézières. Die weitere Strecke nach Rethel soll hier unberücksichtigt bleiben.

Sehenswürdigkeiten entlang der Route:

Givet: In Givet, das sich beiderseits der Maas ausdehnt, hat der heilige Hubertus gelebt, ehe er als Bischof nach Lüttich ging. Die Festung Charlemont wurde 1555 auf Veranlassung Karls V. zum Schutz der spanischen Niederlande gegen das französische Königreich gebaut und später von Vauban erweitert und ausgebaut. Auf ihrem Kalksteinfelsen hoch über der Maas gilt sie als uneinnehmbare Anlage. Vauban hat indessen nicht nur Festungen gebaut, die Kirche St. Hilaire in Givet wurde 1682 von ihm errichtet. Auch die Porte Rancennes ist ein Werk Vaubans.

Anschauen sollte man sich die Kirche Notre-Dame, in der das Gemälde „Die Kreuzigung" dem Maler van Dijk zugeschrieben wird.

Infos: Office du Tourisme
Place de la Tour, F–08600 Givet,
Tel.: 0033-3-24420354
Fax: 0033-3-24401070
E-Mail: ot-givet@dial.oleane.com

Hierges: Ruinen einer Burg aus dem 11. Jahrhundert unmittelbar an der belgischen Grenze.

Vireux-Molhain. In dem kleinen Flecken gibt es eine Kirche, die auf einen Bau aus dem 9. Jahrhundert zurückgeht. Ein holzgeschnitztes und vergoldetes Altarblatt aus dem 14. Jahrhundert ist unbedingt sehenswert.

Haybes: Von hier aus erschließt eine lohnenswerte Wanderung von 8 Kilometern eine schöne Waldlandschaft. Das Ziel ist der Roc de Fépin, der eine großartige Aussicht bietet.

Chooz: Wer sich für Atomkraft interessiert, sollte nach Chooz fahren, das in einer weiten Fluss-Schlinge der Maas liegt. Hier befindet sich das belgisch-französische Nuklearzentrum Ardennen. In einem Schausaal kann man sich über kerntechnische Vorgänge informieren. Soweit die Anlage zugänglich ist, werden Rundgänge veranstaltet und geführt.

Les Hautes Rivières: siehe Route der Legenden von Maas und Semois (Seite 119)

Charleville-Mézières: Entsprechend ihrem sehr unterschiedlichen Alter haben die beiden Stadthälften sehr verschiedenartige Sehenswürdigkeiten. Charlevilles Glanzstück ist die zwischen 1612 und 1628 geschaffene Place Ducale, die wie eine Kopie der Place des Vosges in Paris wirkt. Von der Place Ducale geht man geradewegs auf die Rimbaud-Mühle zu, in der sich ein Museum des Dichters befindet; gegenüber der Mühle steht Rimbauds Geburtshaus.

An der Place Winston Churchill sollte man sich das Marionetteninstitut anschauen. Jede volle Stunde zwischen 10 und 21 Uhr erzählt die riesige Spieluhr, der Grand Marionettiste, mit ihren Figuren eine Episode aus dem Leben der vier Haymonskinder. Eine Vorstellung der gesamten 12 Bilder gibt es jeweils samstags um 21.15 Uhr. Im Inneren des Instituts finden Ausstellungen über das Marionettenspiel statt; auf Videofilmen kann man sich über das jeweils letzte Weltfestival des Marionettenspiels informieren. Die Weltfestivals finden alle drei Jahre im September statt, das nächste im September 2003.
Mézières' große Sehenswürdigkeit ist die Kathedrale Notre-Dame d'Espérance, eine der großartigsten Bauten der Spätgotik, 1499 begonnen, aber erst 200 Jahre später fertiggestellt.

Infos: Office de Tourisme Charleville-Mézières et sa Région
4 Place Ducale BP 229
F–08102 Charleville-Mézières
Tel.: 0033-3-24556990
Fax: 0033-3-24556989

Die Route der Festungskirchen der Thiérache

In der Stille der Thiérache

Die Thiérache, das unbekannte Land im Norden Frankreichs, ist unberührte Einsamkeit. Es ist eine Landschaft, in der die Waldberge der Ardennen sanft gegen die Rebfelder der Champagne auslaufen. Kleine Flüsse, wie die Aisne, der Thon, die Oise oder die Serre winden sich durch grüne Wiesen oder im Herbst an Bäumen mit reifen Äpfeln vorbei. Selten sind Autos auf den schmalen Straßen zu sehen.

Signy-le-Petit

Hin und wieder schmiegt sich ein kleines Dorf an Wiesenhänge, die von dichten Büschen umgeben sind. Kühe haben mit ihrer Hinterlassenschaft die Dorfstraßen markiert; neben den kleinen grauen Steinhäusern erhebt sich fast immer ein eigenwillig geformtes Taubenhaus, und die gepflegten dörflichen Waschbrunnen vermitteln den Eindruck, die Zeit sei stehen geblieben. Fast sieht es so aus, als versteckten sich die Bewohner vor den Touristen. Tatsächlich mussten sie sich jahrhundertelang in den Dörfern der Thiérache verstecken, damals zwischen dem 15. und dem 17. Jahrhundert, als sich im längst nicht mehr existierenden Herzogtum der Thiérache Söldnerhorden, marodierende Soldateska, Plünderer und Räuberbanden tummelten und die Bauern bedrängten. Damals entstand der Schatz der Thiérache – fast 100 wehrhafte Kirchen.

In diese Kirchen, deren Türme zu Donjons (das sind die Haupttürme mittelalterlicher Burgen) umgebaut waren, die mit dicken Mauern, mit Schießscharten, Pechnasen und Aussichtstürmen für die Wärter versehen wurden, flüchteten sich immer wieder die Menschen, verbargen sich und ihr Vieh. Offene Kamine, Backöfen, mitunter auch Brunnen im Inneren der Gotteshäuser, erzählen noch davon, ebenso wie die geheimen Zufluchtskammern über dem Kirchenschiff.

Nirgendwo in Frankreich finden sich auf so kleinem Raum so viele dieser Wehrkirchen, die zu den ganz großen historischen und kulturgeschichtlichen Zeugen aus der Zeit des Hundertjährigen Krieges, des Dreißigjährigen Krieges oder der so genannten Fronde gehören, der Aufstände des französischen Adels gegen das absolutistische Königtum. Touristen verirren sich nur selten in die Thiérache, folgen vor allem im Département Ardennes der ausgeschilderten Straße der Wehrkirchen.

Diese Route führt zu den schönsten dieser Kirchenfestungen wie Aouste, Signy-le-Petit, Vervins oder Prisces, Plomion, Servion oder Marly-Gomont, um nur einige zu nennen. Manche dieser Kirchen sind inzwischen leider verfallen. Viele sind aber auch noch gut erhalten und geben einen würdigen Rahmen für kulturelle Veranstaltungen ab.

Natürlich dienen viele dieser Kirchen vor allem in größeren Orten immer noch ihrem ursprünglichen Zweck, Versammlungsraum für Gottesdienste zu sein.

Es ist eine besondere Welt, in die die „Route der Festungskirchen" den Besucher führt. In kleinen Dörfern oder Weilern stehen manche dieser Kirchen, oft immer noch inmitten des Friedhofs. Gänse stellen sich mitunter angriffslustig fremden Autos auf der Dorfstraße in den Weg. Doch die zu Festungen ausgebauten Kirchen sind nicht die einzigen wehrhaften Zeugen einer bewegten Vergangenheit in diesem abgelegenen Landstrich, in dem es weder große Städte noch Industriebetriebe gibt. Kein Besucher sollte versäumen, das Städtchen Guise zu besuchen, mit den Ruinen einer der größten Festungsanlagen Europas. Meist geht es allerdings nicht so spektakulär zu. Hier und da lugen hinter verwilderten Hecken die oft noch überraschend gut erhaltenen Mauern eines Schlosses oder einer Burg heraus wie das Wasserschloss Gruyères. Schönstes Beispiel aber ist La Cour-des-Prés am Rande des winzigen Fleckens Rumigny. Jahrhundertealte Hecken umgeben die Burg, deren Mauern sich im Wassergraben spiegeln. Auch sie ist ein Kind jener unruhigen Zeit, in der ringsum die wehrhaften Kirchen entstanden. Franz I., König von Frankreich, befahl seinem Vasallen Louis Martin 1546, eine befestigte Burg zu bauen, um von ihr aus die ganze Region besser schützen zu können. Es war die Zeit, als die Truppen Karls V. das Land unsicher machten.

Philippe Avril, der heutige Besitzer der Burg, macht sich ein Vergnügen daraus, Besucher durch die Räume zu führen und ihnen die Geschichte des Hauses zu erzählen. Er hat

nur ein Problem: Er ist der deutschen Sprache nicht mächtig. So muss er sich behelfen: Von einem Zettel liest er mit lustig klingendem französischen Tonfall und Betonung deutsche Stichworte ab. Doch allzu oft kommt er nicht in die Verlegenheit, denn deutsche Besucher sind selten in La Cour-des-Prés, allenfalls bei den gelegent-

Gruyères

La Cour-des-Prés

lich veranstalteten Konzerten finden sich auch Fahrzeuge mit deutschen Kennzeichen im Burghof.

Wer sich als Reisender in der Burg einquartiert bekommt zwar sein Frühstück im prächtigen Rittersaal serviert, andere Mahlzeiten gibt es jedoch erst in Signy l'Abbaye, und das ist fast 20 Kilometer entfernt. Doch die Fahrt lohnt sich, die Auberge de l'Abbaye, eine einstige Poststation, gilt unter Feinschmeckern als Geheimtipp. Wer anschließend in die Wasserburg zurückkehrt, wird durch nichts in seiner nächtlichen Ruhe gestört. Erst gegen Morgen fallen Enten mit leisem Klatschen auf dem Wassergraben ein, springen die Fische, und bunte Eisvögel huschen durch den Frühdunst, der um das alte Gemäuer zieht.

Längst aufgegebene Trassen der Eisenbahn, heute zu Fahrradwanderwegen umgestaltet, bieten sich für bequeme Radwandertouren durch das heute so stille Land an. Aisne und Oise sind bei Wasserwanderern beliebte Paddelgewässer. Wenn in der Ferne der festungsartige Turm einer alten Wehrkirche über den Hecken auftaucht, heißt es anlegen und hinüberwandern und wieder eintauchen in eine Zeit, in der die Thiérache noch nicht das Land der Stille war.

DIE ROUTE DER FESTUNGSKIRCHEN DER THIÉRACHE IM ÜBERBLICK

Die Route der Festungskirchen der Thiérache ist ein Rundkurs, der von und nach Charleville-Mézières 150 Kilometer weit das stille Land am Südrand der Ardennen durchzieht. Da es im angrenzenden Département Aisne ebenfalls zahlreiche Kirchenburgen gibt, hat man dort einen Rundkurs gleichen Namens geschaffen.

Die für uns als Ardennenreisende in Frage kommende Route berührt folgende wichtigen Punkte: Sept Fontaines, Fagnon, Launois-sur-Vence, Signy-l'Abbaye, Rocquigny-Liart, Aouste, Rumigny, Signy-le-Petit.

Sehenswürdigkeiten entlang der Route:
Sept Fontaines in Fagnon: Aus der einstigen Prämonstratenserabtei, die 1129 gegründet wurde und heute Château Sept Fontaines genannt wird, wurde ein nobles Golfhotel inmitten einer weiten Parklandschaft. In sie wurde landschaftlich sehr geschickt ein Golfplatz integriert. Sept Fontaines war ein Lieblingsaufenthaltsort von Charles de Gaulle.

Gruyères: Gruyères ist ein Dorf, über dem der morbide Charme des Verfalls liegt. Inmitten eines halb verwilderten Parks in einer romantischen Talmulde steht eine mittelalterliche Burg.

Launois-sur-Vence: Im Herzen des kleinen Ortes steht der weitläufige Komplex der einstigen Post- und Relaisstation aus dem 17. Jahrhundert, der zu den historischen Monumenten Frankreichs gehört. Es ist eine seit fast 400 Jahren erhalten gebliebene Einheit: Haus des Postmeisters, der von einer großen Postkutschenhalle flankierte Innenhof, eine 80 Meter lange aufeinander folgende Reihe von Pferdeställen sowie ein typischer Schafstall. Der Komplex dient dem Fremdenverkehrsamt als Heim, wird aber vor allem für Veranstaltungen verwendet. Jeden zweiten Sonntag im Monat, außer im August, findet hier ein Antiquitäten- und Trödelmarkt statt, der dem Ort den Namen „Hauptstadt des Trödels" eingetragen hat.

Infos: Office du Tourisme
F–08430 Launois-sur-Vence
Tel./Fax: 0033-3-24350636
E-Mail: ot.cretes@wanadoo.fr

St.-Jean-aux-Bois: Hier ist eine Markthalle aus dem 18. Jahrhundert zu besichtigen. Sie ist auf 32 mächtigen Holzstämmen errichtet und war ursprünglich mit einem Strohdach versehen. Heute trägt sie ein Schieferdach.

Liart: In Liart steht eine der ältesten Wehrkirchen der Thiérache, die Kirche Notre-Dame aus dem 15. Jahrhundert. Ihr mächtiger, rechteckiger Torturm wirkt wie ein Bergfried. Ein Erker sowie Schießscharten dienten zur Verteidigung des engen Westeinganges in die Kirche.

Infos: Maison de la Thiérache
F–08290 Liart
Tel.: 0033-3-24544833
Fax: 0033-3-24544501.

Le Maipas: Der befestigte Gutshof Le Maipas stammt aus dem 17. Jahrhundert. In einer Talmulde liegt das von vier Ecktürmen flankierte Anwesen so versteckt, dass es nie von Feinden zerstört wurde.

Aouste: Eine der charakteristischsten Wehrkirchen der Thiérache ist die aus dem 16. und 17. Jahrhundert stammende Kirche in Aouste. Der quadratische Turm ist von einem Bergfried gekrönt, der von Schießscharten und Kanonenöffnungen durchbrochen ist.

Dank eines heute zugemauerten Brunnens und eines wuchtigen Kamins konnten auch längere Belagerungszeiten durchgestanden werden. Über dem Gewölbe des Kirchenschiffs befindet sich ein Asylraum.

Rumigny: Am Eingang des Dorfes liegt die eindrucksvolle Wasserburg La Cour-des-Prés, die 1546 erbaut wurde, um die Bevölkerung der Umgebung vor den Invasionen der kaiserlichen Truppen Karls V. zu schützen. Das Anwesen ist heute ein stilvolles Hotel garni und dient im Sommer als Ort romantischer Musikabende mit Abendessen bei Kerzenschein. Im Dorf selbst steht die aus dem 16. Jahrhundert stammende Wehrkirche mit einem besonders interessanten Taufbecken.

Signy-le-Petit: Die Kirche von Signy-le-Petit stammt aus dem 16. Jahrhundert. Mit ihren mächtigen Mauern und dem von Aussichtswarten flankierten Torturm ist sie das Urbild einer befestigten Kirche.

Infos: Office du Tourisme
2, place de l'Église,
F–08380 Signy-le-Petit
Tel.: 0033-3-24535544
Fax: 0033-3-24535132
www.signy-le-petit.com
E-Mail: tourisme@signy-le-petit.com

L'Echelle: Im 18. Jahrhundert entstand hier das Hôtel Beury, das mehr als 100 Jahre lang als Postrelaisstation genutzt wurde. Heute ist es ein Künstlerwohnhaus.

Servion: Hier ist die wohl eindrucksvollste Anlage einer befestigten Kirche zu sehen. Insbesondere der aus dem 16. Jahrhundert stammende Torturm ist beeindruckend. Auf quadratischem Grundriss gebaut, hat er zwei runde Ecktürme. Im Nordturm gibt es zwei übereinander liegende Kasematten, im Südturm eine Wendeltreppe, die zu den zwei Etagen dieses Turms führt. Heute dient die Kirche, die nicht mehr zum Gottesdienst genutzt wird, als Kulturzentrum der Ardenner Thiérache.

Infos: Compagnons de Saint Etienne
rue de l'Enclos,
F–08150 Rouvroy-sur-Audry
Tel.: 0033-3-24358303
E-Mail: servion@wanadoo.fr

TIPP

Gute Adressen am Wegesrand

THIN-LE-MOUTIER: Ferme de Gironval (Einkehr auf dem Bauernhof)
F–08460 Thin-le-Moutier
Tel./Fax: 0033-3-24547440
Weitere Infos bei Office de Tourisme Launois-sur-Vence (siehe Seite 137)

RUMIGNY: La Cour des Prés, Chambres d'Hôtes (Hôtel garni),
sehr eindrucksvoll, F–08290 Rumigny
Tel.: 0033-3-24355266

FAGNON: Hôtel-Restaurant Abbaye de Sept Fontaines, F–08090 Fagnon
Tel.: 0033-3-24373824
Fax: 0033-3-24375875

SIGNY-L'ABBAYE, Hôtel-Restaurant L'Auberge de l'Abbaye
2, Place Aristide Briand
F–08460 Signy-l'Abbaye
Tel.: 0033-3-24528127
Fax: 0033-3-24537172

Weitere Informationen: Comité Départemental du Tourisme des Ardennes
22–24 Place Ducale
F–08000 Charleville-Mézières
Tel.: 0033-3-24560608
Fax: 0033-3-24592010
E-Mail:
ardennes@tourisme-ardennes.com

Die grüne Route Ardennen-Eifel (Route Verte Ardennes-Eifel)

Europas größte Festung

Es gibt Orte, die sind bei allen Reizen dennoch nur wegen eines kriegerischen Ereignisses bekannt. Sedan in den französischen Ardennen gehört leider auch dazu. Denn was weiß man schon hierzulande von der kleinen Stadt an der Maas anderes, als dass es dort im deutsch-französischen Krieg von 1870/71 zur entscheidenden Schlacht und zur Gefangennahme Napoleons III. gekommen ist? Woraufhin bis zum Ende der Kaiserzeit in Deutschland der Sedanstag begangen wurde – mit Fähnchen schwenkenden Kindern und patriotischen Liedern.

Sedan, die ganze Stadt ist eine Festung.

Sedans Lage am Südrand der Ardennen ist reizvoll, doch Sedans große Sehenswürdigkeit ist die Festung. Man kann sogar sagen: Sedan selbst ist die Festung, die größte Festungsanlage Europas, häufiger Schauplatz sowohl französischer als auch preußisch (deutsch-)französischer Kriege und Rivalitäten. Die gewaltige Anlage, deren Mauern bis zu 30 Meter stark sind, bedeckt eine Fläche von mehr als 20.000 Quadratmetern und bietet einer Garnison von 4.000 Mann Platz. Sie ist ein exzellentes Beispiel dafür, wie mittelalterliche Festungsanlagen den Erfordernissen sich wandelnder Militärtechnik angepasst wurden. Der riesige Innenhof der Anlage wird beherrscht vom Donjon, dem Hauptturm, den 1245 Gills de Hergues, der erste Herrscher von Sedan, errichten ließ. Seine Nachfolger bewohnten ihn bis 1630, dem Jahr, in dem sie in das fürstliche Palais unterhalb der Festung umzogen.

Sedan wurde erstmals in einer Urkunde Ottos III. im Jahre 997 als Burg erwähnt. Seitdem wurde es mehr und mehr zur alles beherrschenden Festung ausgebaut. Im 16. Jahrhundert erwarben die Grafen von der Marck als Herren von Sedan das Herzog-

Blick, den man von der anderen Seite der Burg hat, wozu man durch einen Tunnel unter der Burg hindurchfahren muss. Die Burg entpuppt sich aus dieser Perspektive als ein wahres Wunder der mittelalterlichen Festungsbaukunst. Gottfried der Bärtige, Herzog von Niederlothringen, begann um 1050 mit dem Bau der Burg. Damals gab es allerdings schon eine befestigte Anlage auf dem Burgberg, die wohl ins 8. Jahrhundert zurückging. 988 wird sie erstmals urkundlich erwähnt.

Der Sohn Gottfried des Bärtigen erweiterte die Burg des Vaters und verpfändete sie sogleich. Er brauchte Geld, um 1096 am Kreuzzug teilnehmen zu können. Der Bischof von Lüttich war nur allzu gern bereit, dem Herzog Geld zu geben, um die Burg in seinen Besitz zu bekommen. 1521 wurde sie im Auftrag Karls V. durch Ludwig von Nassau weitgehend zerstört, danach mit weiteren Verstärkungen wieder aufgebaut. Wesentlichen Anteil am festungsartigen Ausbau hatten im 17. Jahrhundert der französische Festungsbaumeister Vauban und 1827 Wilhelm I. von Oranien. So, wie man die Burg heute bei einem Rundgang erlebt, ist sie im Wesentlichen das Werk des 16. Jahrhunderts und späterer Ausbauten.

Die kleine Stadt der schweigenden Mönche

Im 11. Jahrhundert, so berichtet eine alte Sage, hatten die Grafen der Toskana Landbesitz in den südlichen Ardennen. Die Gräfin Mathilde wusch sich dort bei einem Jagdausflug die Hände in einer Quelle, wobei ihr

Die aus dem 11. Jahrhundert stammende Burg Bouillon thront mit ihren bis zu dreieinhalb dicken Mauern auf einem Schieferfelsen über die Stadt.

Die grüne Route Ardennen-Eifel (Route Verte Ardennes-Eifel)

EUROPAS GRÖSSTE FESTUNG

Es gibt Orte, die sind bei allen Reizen dennoch nur wegen eines kriegerischen Ereignisses bekannt. Sedan in den französischen Ardennen gehört leider auch dazu. Denn was weiß man schon hierzulande von der kleinen Stadt an der Maas anderes, als dass es dort im deutsch-französischen Krieg von 1870/71 zur entscheidenden Schlacht und zur Gefangennahme Napoleons III. gekommen ist? Woraufhin bis zum Ende der Kaiserzeit in Deutschland der Sedanstag begangen wurde – mit Fähnchen schwenkenden Kindern und patriotischen Liedern.

Sedan, die ganze Stadt ist eine Festung.

Sedans Lage am Südrand der Ardennen ist reizvoll, doch Sedans große Sehenswürdigkeit ist die Festung. Man kann sogar sagen: Sedan selbst ist die Festung, die größte Festungsanlage Europas, häufiger Schauplatz sowohl französischer als auch preußisch (deutsch-)französischer Kriege und Rivalitäten. Die gewaltige Anlage, deren Mauern bis zu 30 Meter stark sind, bedeckt eine Fläche von mehr als 20.000 Quadratmetern und bietet einer Garnison von 4.000 Mann Platz. Sie ist ein exzellentes Beispiel dafür, wie mittelalterliche Festungsanlagen den Erfordernissen sich wandelnder Militärtechnik angepasst wurden. Der riesige Innenhof der Anlage wird beherrscht vom Donjon, dem Hauptturm, den 1245 Gills de Hergues, der erste Herrscher von Sedan, errichten ließ. Seine Nachfolger bewohnten ihn bis 1630, dem Jahr, in dem sie in das fürstliche Palais unterhalb der Festung umzogen.

Sedan wurde erstmals in einer Urkunde Ottos III. im Jahre 997 als Burg erwähnt. Seitdem wurde es mehr und mehr zur alles beherrschenden Festung ausgebaut. Im 16. Jahrhundert erwarben die Grafen von der Marck als Herren von Sedan das Herzogtum Bouillon im heutigen Belgien. Dadurch wurde Sedan zu einem mächtigen Fürstentum. 1611 wurde in der Stadt der berühmte französische Marschall Turenne geboren.

Während der Religionskriege im 16. Jahrhundert war Sedan Zufluchtsort für protestantische Flüchtlinge. Die Stadt zu Füßen der Festung wurde zu einem „kleinen Genf" mit einer protestantischen Akademie. Die Stadt war ein wichtiges Handelszentrum und blühender Mittelpunkt der Tuchmacherei. Als sich ein Bruder des Marschalls Turenne an einem Komplott gegen Richelieu beteiligte, wurde die Familie Turenne, damals Herren von Sedan, gezwungen Sedan und das Fürstentum an die französische Krone abzutreten.

Im deutsch-französischen Krieg von 1870/71 führte die Schlacht um Sedan zur Kapitulation und zum Sturz Napoleons III. Das bedeutete das Ende des zweiten französischen Kaiserreiches. Ein Friedhof erinnert heute noch an die Schlacht und ihre Toten. Sowohl im Ersten wie im Zweiten Weltkrieg wurde Sedan schwer in Mitleidenschaft gezogen. Während des Ersten Weltkriegs waren in der Festung Tausende von belgischen und französischen Kriegsgefangenen eingesperrt. Bis heute ist die historisch so bedeutsame Stadt von den Spuren des Verfalls geprägt.

Kunst à la carte

Charles de Gaulle besaß einen, bei John. F. Kennedy lag einer auf dem Boden des Oval Office. Papst Pius XII. hatte sich ebenso

Sedan, eine Stadt im Mittelpunkt der Geschichte

einen anfertigen lassen wie Marokkos König Hassan II. und viele andere Prominente mehr: Einen Tapis Point de Sedan.

Hinter diesem Namen verbirgt sich nicht einfach ein Teppich aus Sedan, sondern ein Kunstwerk, das in dieser Art nur noch in der alten Festungsstadt an der Maas angefertigt wird. Seit der Webstuhlfabrikant Duquesne 1878 von einer Orientreise zurückkehrte und beschlossen hatte in Sedan, damals eine Hochburg der Textilindustrie, Teppiche herzustellen, blüht das Handwerk in den Ardennen, vor allem in der Manufaktur

Tapis Point de Sedan. Es ist ein mühsames Geschäft, aus rund 3.500 Spulen australischer oder neuseeländischer Merinowolle einen Teppich zu weben, oder besser gesagt zu knüpfen. Dabei verrät der Name „Point de Sedan" bereits etwas über die Art der Entstehung.

Point heißt nicht nur Punkt, sondern auch Schlaufe. Und es sind ganz besondere Schlaufen mit denen der Faden um die Webunterlage geschlungen wird. In Form einer „Acht" geschieht das, was dem Teppich aus Sedan seine unnachahmliche Haltbarkeit beschert.

Geknüpft werden die Tapis nach den Wünschen und Vorlagen der Kunden. Diese Vorlagen werden auf Lochkarten übertragen. Tapis Point de Sedan werden auf speziell für dieses Unternehmen in Paris entwickelten Teppichknüpfstühlen gefertigt. Ursprünglich waren es einmal elf, doch nur noch sechs sind einsatzfähig; die anderen dienen als Ersatzteillager.

Bis die Lochkarte nach den Kundenwünschen erstellt und der Knüpfstuhl fertig eingerichtet ist, vergeht ein ganzer Monat. Doch bei Tapis Point de Sedan ist man überzeugt, dass die Kunstwerke, die hier gleichsam à la carte entstehen, niemals maschinell in Serie entstehen könnten.

Die Burg des Ritters Gottfried

Generationen von Schülern haben im Geschichtsunterricht den Kalauer kennen gelernt: „Wann lebte Gottfried von Bouillon? Wenn er nichts anderes hatte." Die Burg des Ritters Gottfried von Bouillon ist jedoch nicht nur das Wahrzeichen der kleinen Ardennenstadt Bouillon im Tal der Semois, sondern gilt auch als eines der meistbesuchten Touristenziele in ganz Belgien.

Die Geschichte des kleinen, auch als Schinkenstadt bekannten Bouillon, in dem Napoleon III. nach der Schlacht von Sedan 1871 eine Nacht als Gefangener verbrachte, ist untrennbar verbunden mit der mächtigen, festungsartigen Burg und ihrem berühmtesten Sohn, dem Ritter Gottfried von Bouillon. Er wurde als Anführer des Ersten Kreuzzuges von 1096 bekannt und brachte es im Heiligen Land zum Rang eines Königs von Jerusalem und Hüters der Heiligen Stätten.

Die militärische Geschichte von Burg und später Festung Bouillon, die sich über rund 600 Jahre hinzog, endete erst 1830, als die letzte holländische Besatzung hier abzog. Bouillon ist heute einer der attraktivsten Fremdenverkehrsorte der gesamten südlichen Ardennen. Das liegt sicherlich an der Lage der Stadt zu Füßen des in einer Haarnadelschleife von der Semois umflossenen, rund 350 Meter langen Felsspornes, der die Burg des Ritters Gottfried trägt. Aber genauso macht das waldreiche Tal der windungsreichen Semois mit ihren malerischen kleinen Dörfern den besonderen Reiz dieses alten Städtchens aus.

Will man die ganze Größe der Burg erleben, sollte man einmal in Bouillon zur Jugendherberge hinauffahren und über Stadt und Tal schauen. Noch eindrucksvoller ist der

Blick, den man von der anderen Seite der Burg hat, wozu man durch einen Tunnel unter der Burg hindurchfahren muss. Die Burg entpuppt sich aus dieser Perspektive als ein wahres Wunder der mittelalterlichen Festungsbaukunst. Gottfried der Bärtige, Herzog von Niederlothringen, begann um 1050 mit dem Bau der Burg. Damals gab es allerdings schon eine befestigte Anlage auf dem Burgberg, die wohl ins 8. Jahrhundert zurückging. 988 wird sie erstmals urkundlich erwähnt.

Der Sohn Gottfried des Bärtigen erweiterte die Burg des Vaters und verpfändete sie sogleich. Er brauchte Geld, um 1096 am Kreuzzug teilnehmen zu können. Der Bischof von Lüttich war nur allzu gern bereit, dem Herzog Geld zu geben, um die Burg in seinen Besitz zu bekommen. 1521 wurde sie im Auftrag Karls V. durch Ludwig von Nassau weitgehend zerstört, danach mit weiteren Verstärkungen wieder aufgebaut. Wesentlichen Anteil am festungsartigen Ausbau hatten im 17. Jahrhundert der französische Festungsbaumeister Vauban und 1827 Wilhelm I. von Oranien. So, wie man die Burg heute bei einem Rundgang erlebt, ist sie im Wesentlichen das Werk des 16. Jahrhunderts und späterer Ausbauten.

Die kleine Stadt der schweigenden Mönche

Im 11. Jahrhundert, so berichtet eine alte Sage, hatten die Grafen der Toskana Landbesitz in den südlichen Ardennen. Die Gräfin Mathilde wusch sich dort bei einem Jagdausflug die Hände in einer Quelle, wobei ihr

Die aus dem 11. Jahrhundert stammende Burg Bouillon thront mit ihren bis zu dreieinhalb dicken Mauern auf einem Schieferfelsen über die Stadt.

Die Ruinen der alten und die neue Abtei

Ehering vom Finger glitt und im Wasser versank. Plötzlich tauchte eine Forelle auf, die den goldenen Ring in ihrem Maul hatte. Sie gab ihn der Gräfin mit den Worten zurück: „C'est ici un val d'or" („Das ist ein Goldtal hier").

Aus Val d'Or wurde Orval, und so nannten die Benediktinermönche aus dem süditalienischen Kalabrien ihre Abtei, die sie noch zu Lebzeiten der Gräfin Mathilde um 1070 gründeten. Um 1130 traten die Mönche von Orval dem Zisterzienserorden bei. Ihre Abtei entwickelte sich zu einer gewaltigen Anlage, deren Eisenhütte Ende des 17. Jahrhunderts an der Spitze der westeuropäischen Eisenindustrie gestanden haben soll. Um 1670 führte der damalige Abt Karl von Bentzerath in Orval die „strenge Observanz" ein, die in der Abtei La Trappe in Frankreich entwickelt worden war. Fortan waren die Mönche von Orval Trappisten – schweigende Mönche.

1723 zählte der Konvent von Orval 130 Mitglieder und war damit der stärkste des Kaiserreiches. Damals gehörte die heutige belgische Provinz Luxemburg, in der Orval liegt, wie das Großherzogtum zu Österreich. Im Zuge der Französischen Revolution wurde der Konvent 1796 aufgelöst. Das Kloster diente den Bewohnern der umliegenden Dörfer als Steinbruch und wurde zerstört, während Wünschelrutengänger in den unterirdischen Gewölben nach einem bis heute sagenhaften Schatz suchten.

1926 kamen die Ruinen mit den umliegenden Ländereien wieder in den Besitz des Trappistenordens, der Kirche und Kloster wieder aufbaute. 1948 wurde die neue Kirche feierlich eingeweiht. Das Besondere daran: Nicht das alte Kloster mit seiner Kirche war wieder aufgebaut worden, sondern eine ganz neue, moderne Anlage war neben den weitläufigen Ruinen entstanden. Sie ließ man als ständiges Mahnmal für alles Vergängliche stehen. Mit ihren zahlreichen Gebäuden, weitläufigen Höfen, Häusern, Giebeln, Dächern und Türmen innerhalb eines alles umgebenden Mauerringes sieht Orval in dem kleinen Waldtal der Ardennen von weitem aus wie eine kleine Stadt.

Im Klostergarten von Orval

Heute ist Orval in den südlichen Ausläufern der Ardennenwälder ein beliebtes Ziel für Besucher aus vieler Herren Länder. Auf den großen Parkplätzen vor den Klostermauern stehen Autos aus vielen europäischen Staaten.

Während der Komplex des neuen Klosters nur wirklichen Klostergästen offen steht, die hier Einkehrtage verbringen wollen, gilt das Interesse der Besucher dem weitläufigen Ruinenbereich von Alt-Orval. Immerhin kann man in diesem Ruinenkomplex noch vieles aus der bewegten Geschichte, aber auch vom einstigen Reichtum und damit der Macht und Bedeutung dieses Klosters der schweigenden Mönche erkennen. So ist aus den immer noch hoch aufragenden Ruinen der einstigen Abteikirche gut abzulesen, dass sie überwiegend im Stil der Gotik gebaut worden war. Um 1260 entstanden, soll sie das größte gotische Bauwerk Belgiens gewesen sein. Die noch erhaltenen romanischen Kapitelle der Längs- und Querschiffe zählen zu den schönsten, die es heute noch in Belgien gibt.

Sehenswert ist auch der sagenumwobene Mathildenbrunnen. Er steht dort, wo man durch den Kreuzgang zur Sakristei, in den Kapitelsaal oder das Sprechzimmer des Abtes gelangt. Das Brunnenhaus ist noch gut zu erkennen, ebenso der große Saal, der als Lesesaal diente. Hier hatten die Mönche von Orval im Jahre 1793 eine Bibliothek von 15.000 gedruckten Büchern und eine wertvolle Manuskriptsammlung angelegt.

Wer sich für alte Gärten und Heilkräuter interessiert, kann zwischen Beeten spazieren gehen, auf denen jene Heil- und Küchenkräuter gezogen werden, die einst die Mönche des Mittelalters kannten und nutzten.

Luxemburg nicht mit Luxemburg verwechseln

Von unten sieht die Kirche St. Donatus in Arlon aus wie eine Festung. Düster und unnahbar erscheinend, thront sie auf einem Hügel über der Stadt am Südrand der Ardennen. Der Eindruck ist nicht ganz falsch. Im 10. Jahrhundert ließen die Grafen von Arlon eine Burg dort erbauen, auf deren Ruinen dann 1626 Dominikaner die St. Donatuskirche errichteten, die immer noch von alten Mörsern martialisch flankiert ist.

Von der Anhöhe bei der Kirche hat man nicht nur einen schönen Rundblick über das Dreiländereck von Belgien, Luxemburg und

Frankreich, sondern vor allem eine schöne Aussicht auf die Stadt Arlon, die sich dem Besucher als eine kleine Landstadt präsentiert, in der die Straßenschilder zum Teil noch zweisprachig beschriftet sind – in Französisch und in Letzeburgisch. Noch vor wenigen Jahren wurde in Arlon und Umgebung – nicht weit von der luxemburgischen Grenze entfernt – das Moselfränkische gesprochen, das heute noch in Luxemburg offizielle Sprache ist.

Arlon wetteifert mit der limburgischen Stadt Tongeren um den Titel der ältesten Stadt Belgiens. Wie Tongeren ist auch Arlon, oder Arel wie es im Moselfränkischen genannt wird, eine Römerstadt gewesen. Gegenüber Tongeren hat sie jedoch wesentlich mehr Überreste aus der Römerzeit; das Archäologische Luxemburgische Museum in Arlon steht an der Spitze aller vergleichbaren Museen in Belgien. Seine gallo-römische Abteilung gilt sowohl durch die Vielzahl als auch durch die Qualität der dort gezeigten Exponate als einmalig. Was die römische Bildhauerei angeht, liegt das Museum in Arlon an der Spitze in Belgien.

Beherrschend aus dem Stadtbild von Arlon ragt der gewaltige Turm der St. Martinskirche auf. Im ersten Augenblick möchte man diese Kirche als ein Meisterwerk unter den gotischen Kirchen Belgiens ansehen, doch beim näheren Hinsehen entdeckt man, dass St. Martin, das im Inneren durch seine gewaltigen Ausmaße und seine Helligkeit beeindruckt, neugotisch ist. Die Kirche wurde erst ab 1907 auf Wunsch des damaligen belgischen Königs Leopold II. gebaut, der für die Provinzhauptstadt Luxemburgs eine repräsentative Kirche haben wollte. Die kleine Stadt wurde 1839 durch Zufall Hauptstadt der belgischen Provinz Luxemburg, nachdem der westliche Teil des Großherzogtums abgetrennt und Belgien als Provinz Luxemburg zugesprochen worden war. Man muss aufpassen dass man hier Luxemburg und Luxemburg nicht miteinander verwechselt!

Die Quelle der Semois

Arlon hatte damals kein einziges repräsentatives Gebäude. Der Palast der Provinzialverwaltung wurde 1845 gebaut, der den Mittelpunkt der Stadt beherrschende Justizpalast 1864. An seiner Fassade sind zwischen den Fenstern der ersten und zweiten Etage die Symbole der zehn Städte der Provinz angebracht: Durbuy, Chiny, Bastogne, Bouillon, Marche, Arlon, Florenville, St-Hubert, Neufchâteau und La Roche.

Für Freunde und Kenner der Ardennen hält die kleine Stadt noch eine besondere Sehenswürdigkeit bereit: In einem kleinen Garten am Stadtrand sprudelt hübsch eingefasst die Quelle der Semois, jenes Flusses, der oft als schönster der Ardennen gerühmt wird.

Ganz Luxemburg in einer einzigen Burg

Aus der Höhe betrachtet sieht Clervaux im Tal der Clerf im nördlichen Luxemburg aus wie ein Spielzeugensemble. Aus den dicht beieinander stehenden kleinen Häusern hebt sich wie das Urbild einer mittelalterlichen Ritterburg die auf einem von der Clerf umflossenen Bergvorsprung gelegene, weiß getünchte Burg Clervaux heraus. Und gleichsam eine Etage höher ragt aus dem Wald, der Tal und Städtchen einschließt, ein zweites Gebäudeensemble heraus: die große Benediktinerabtei St. Mauritius und St. Maurus. Sie wurde 1909 gegründet, 1944 zerstört und nach 1945 wieder aufgebaut.

Aufgang zur Burg Clervaux

Clervaux, im Deutschen „Clerf", im Letzebuergischen „Clierv" genannt, erlitt während der Ardennenoffensive im Winter 1944 schwere Schäden. Nach erfolgter Renovierung erinnert heute lediglich das Denkmal für die 450.000 US-Soldaten, die in der Ardennenschlacht gekämpft haben, sowie ein erbeutetes Artilleriegeschütz am Aufgang zur Burg an diese unselige Zeit. Die Burg – das Schloss –, wie die Bewohner von Clervaux sagen, stammt aus dem 12. Jahrhundert. Im 17. Jahrhundert wurde es umgebaut und erhielt mehrere Türme. In seinem Inneren ist die größte Sehenswürdigkeit zu sehen, die das kleine Städtchen im Ösling, wie man die Ardennen in Luxemburg nennt, zu bieten hat: die Dauerausstellung „The Family of Man".

1951 hatte der in Luxemburg geborene Direktor der Fotoabteilung des Museums of Modern Art in New York, Edward J. Steichen, die Idee, eine internationale Fotoschau zusammenzustellen über zeitlose Themen wie Liebe, Geburt, Tod, Kindheit, Arbeit, Familie, Freizeit, Vergnügen, Krieg und Frieden. Auf seinen Aufruf erhielt er zwei Millionen Fotos aus aller Welt. Aus einer ersten Auswahl von 10.000 Bildern blieben schließlich 503 Fotos von 273 Fotografen aus 68 Ländern übrig.

Die Ausstellung, die zunächst in New York präsentiert wurde, war ein sensationeller Erfolg und ging in den 50er- und 60er-Jahren um die Welt. Dort wurde sie von mehr als neun Millionen Menschen gesehen. 1964 schenkte die amerikanische Regierung sie auf Steichens Wunsch dem Großherzogtum. In der Burg zu Clervaux hat diese „größte Fotoausstellung aller Zeiten", wie sie von Fachleuten genannt worden ist, ihre endgültige Bleibe gefunden.

Gleich nebenan ist eine weitere einmalige Ausstellung zu sehen: Die Modelle der 22 größten und wichtigsten luxemburgischen Burgen wurden maßstabgetreu mit den kleinen Burgenstädtchen in der Burg von Clervaux a ufgebaut. Dazu gehört auch Clervaux selbst sowie Vianden, Bourscheid und Esch an der Sauer. Im Museum des Ardennenkriegs, dem dritten Museum in der Burg, ist all das zusammengetragen, was sich auf die Zeit der Ardennenoffensive bezieht – Erinnerungsstücke, Waffen, Uniformen, Fahnen, Wegweiser und vieles mehr.

Sympathisches Asyl des Dichters

Am 3. Juni 1871 konnte man in der „Luxemburgischen Zeitung" folgende Grußadresse lesen: „Möge der Poet in unserem uralten Vianden, bei dessen biederen Bewohnern und in der herrlichen Natur, auf den jähen Höhen, wo die Brust so frei atmet und in den einsamen Schluchten, die der Träumer so gern aufsucht, einen genügenden Ersatz finden."

Der Adressat dieser wohl klingenden Botschaft war Asylant – der französische Dichter Victor Hugo, der von Napoleon III. zum wiederholten Male aus Frankreich verbannt worden war und nach Vianden ins Exil kam. Wer Vianden erlebt, wer das kleine Städtchen beiderseits der Our unweit der deutsch-luxemburgischen Grenze kennt, weiß, dass sich ein Victor Hugo hier wohl fühlen musste. Ganz ähnlich geht es alljährlich Tausenden von Touristen. Sie kommen als Besucher, angelockt von den Reizen dieses zum Teil noch von mittelalterlichen Mauern mit Türmen umgebenen Öslingstädtchens. Der Reiz Viandens wird noch unterstrichen durch die Burg der Oranier, die den Ort überragt.

Diese Burg galt einmal als die größte und uneinnehmbarste Burg des mittelalterlichen deutschen Reiches links des Rheins. Der Kern des heute geschickt wieder aufgebauten und restaurierten Burgkomplexes stammt aus dem 9. Jahrhundert. Im 12. und 13. Jahrhundert war die Burg Residenz und Besitz der Grafen von Vianden, eines damals recht einflussreichen und mächtigen Grafengeschlechtes, dessen Verflechtungen bis zum Kaiserhof reichten.

Die Burg Vianden galt einmal als uneinnehmbar.

1264 kam Vianden an das Haus Luxemburg, 1417 fiel die Burg durch Erbschaft an das Haus Nassau-Oranien und verfiel allmählich – aber nicht etwa, weil sie erobert und zerstört worden wäre, was nie der Fall war, sondern weil sie nicht mehr gebraucht wurde und – weil ein Erdbeben nachgeholfen hatte.

Ende des 19. Jahrhunderts beschloss man, dem weiteren Verfall der Burg Einhalt zu gebieten. So wurde versucht das Haus Oranien in den Niederlanden für den uralten Familienbesitz zu interessieren. Doch die Holländer, bekannt als sparsame Menschen, winkten ab. Sie ahnten, welche Kosten auf sie zukommen könnten. So erwarb die luxemburgische großherzogliche Familie zunächst die Burg und ließ die kostbare Burgkapelle vor weiterem Verfall schützen. Seit 1977 ist die Burg luxemburgischer Staatsbesitz und weitgehend restauriert.

Keine andere Burg aus dieser Zeit des Übergangs von der Romanik zur Gotik ist mit derartig reicher Kunstausstattung bewahrt wie diese einstige Reichsfeste Vianden, in deren Schatten damals der Dichter sein Asyl genossen hat.

DIE GRÜNE ROUTE ARDENNEN-EIFEL IM ÜBERBLICK

Als grenzüberschreitende Ferienstraße verbindet diese Route die Ardennen mit der Eifel. Sie beginnt in Rethel, ganz im Süden des Départements Ardennen, und führt durch die französischen Ardennen ins südliche Belgien, die belgische Provinz Luxemburg. Dann wechselt sie ins Großherzogtum und durchquert schließlich die Eifel, wo sie in Sinzig am Rhein endet. Insgesamt ist die Route rund 500 Kilometer lang. Die von Sedan nach Vianden durch die Ardennen führende Strecke macht etwa 170 Kilometer aus. Die für uns in Frage kommende Strecke berührt folgende wichtigen Orte: Sedan, Bazeilles, Bouillon, Herbeumont, Florenville, Orval, Arlon, Martelange, Esch/Sauer, Wiltz, Clervaux/Clerf, Diekirch, Vianden.

Sehenswürdigkeiten entlang der Route:
Sedan: Der Name der französischen Maasstadt am Südrand der Ardennen steht vor allem für die gewaltige Festung. Der Innenhof der Anlage wird beherrscht vom Donjon, den 1245 Gilles de Herghues, der erste Herr von Sedan errichten ließ. Bis 1630 wurde der Bau bewohnt, dann zogen die Herren von Sedan in das fürstliche Palais unterhalb der Festung. Von den Festungswällen hat man einen großartigen Ausblick über das Maastal.

Im Festungsmuseum am Eingang zum Innenhof ist nicht nur die Geschichte der Festung dokumentiert, sondern auch Funde aus gallo-römischer Zeit.

In den alten Gassen von Sedan sind vor allem an der Place d'Armes noch schöne alte Häuser erhalten.

Infos: Office du Tourisme du Pays Sedanais
Place du Chateau Fort, BP 32
F–08200 Sedan
Tel.: 0033-3-24277373
Fax: 0033-3-24290328`
www.sedan-bouillon.org
E-Mail: ot.sedan@wanadoo.fr

Bazeilles: Für Kriegsnostalgiker ist hier das „Museum der letzten Patrone" sehenswert, das an die erbitterten Kämpfe zwischen Deutschen und Franzosen 1870/71 erinnert.

Bouillon: Wie in Sedan fasziniert auch in Bouillon an der Semois eine befestigte Anlage die Besucher – die Burg des Ritters Gottfried von Bouillon. Sie gilt als ein wahres Wunder mittelalterlicher Festungsbaukunst. Den schönsten Blick hat man von der Semoisbrücke außerhalb der Stadt. Man erreicht sie durch den Straßentunnel unter der Burg hindurch. Wichtig sind vor allem der 1551 entstandene Österreichturm, der Uhrenturm, das Arsenal, die Zugbrücke und die Wachstube aus dem 17. Jahrhundert. Unterhalb der Burg ist das Herzogliche Museum und Museum Gottfried von Bouillon eingerichtet, wo viele Exponate an den berühmten Ritter und die Zeit der Kreuzzüge erinnern.

Reste der Stadtmauer an verschiedenen Stellen; Wildfreigehege Chanteraine 1,5 km vom Stadtzentrum entfernt; Bootsfahrten auf der Semois.

Jedes Jahr gibt es Mitte August ein prächtiges mittelalterliches Burgfest.
Lecker: Ardenner Schinken aus Bouillon.
Infos: Syndicat d'Initiative B.P. 13
B–6830 Bouillon
Tel.: 0032-61-466257
Fax: 0032-61-468285
www.bouillon-sedan.org
E-Mail: info@bouillon-sedan.org

Cugnon: In dem kleinen Dorf an der Semois findet man ein denkmalgeschütztes Ensemble von Kirche, Friedhof, Pfarrhaus und Gemeindehaus.

Auby-sur-Semois: Einen der schönsten Aus- und Überblicke über das Semoistal überhaupt hat man vom Aussichtspunkt Renauvanne.

Herbeumont: Ruinen der Burg der Grafen von Herbeumont, erbaut um 1100, zerstört 1658 auf Geheiß Ludwigs XIV. Die Prieuré de Conques, 2,5 km südlich: Das einstige Kloster ist heute ein Nobelhotel, eines der schönsten Hotels der Ardennen.

Florenville: Das Städtchen ist der touristische Mittelpunkt des oberen Semoistales. Vom Belvedere hat man einen fantastischen Überblick über die zahlreichen Windungen der Semois in einem Gebiet von 800 Quadratkilometern.
Ein Erlebnis ist das Glockenspiel (48 Glocken im Kirchturm).

Infos: Syndicat d'Initiative
Place Albert 1er, B–6820 Florenville
Tel.: 0032-61-311229
Fax: 0032-61-313212
www.florenville.net
E-Mail:
touristinfo.florenville@attglobal.net

Orval: Eindrucksvoll ist das Nebeneinander von neuer Abtei und den Ruinen der zerstörten alten Abtei. Der Umfang der Ruinen lässt unschwer die einstige Größe von Orval erkennen. Interessant ist der Kräutergarten der alten Abtei, in dem alle Küchen- und Heilkräuter wachsen, die den Mönchen des Mittelalters bekannt waren. Ergänzend dazu gibt es noch das Apothekenmuseum.
Lecker: Trappistenbier und Klosterkäse; beides wird im Klosterladen verkauft.

Habaye-la-Neuve: Hier lohnt ein Besuch des großartigen Schlosses Pont d'Oye aus dem 17. Jahrhundert. Das im Sommer am Wochenende zugängliche Schloss wurde 1933 vom Dichter und Schriftsteller Pierre Nothomb erworben.

Arlon: Donatushügel mit Kirche und großartiger Rundsicht; Kirche St. Martin; Leopoldplatz mit Justizpalast und Provinzialpalast; Luxemburgisches Archäologisches Museum, 13, rue des Martyrs, Archäologischer Park, rue des Thermes

Romains, Reste römischer Thermenanlagen; Quelle der Semois (ganz in der Nähe), Ecke rue Sonnelty und rue des Tanneries; Synagoge von 1863, rue de la Synagoge; Tour Romaine mit Resten der römischen Stadtbefestigung, Grand Place, Schlüssel im Café d'Alby.

Infos: Syndicat d'Initiative Arlon
Rue des Faubourgs 2
B–6700 Arlon
Tel./Fax: 0032-63-216360
www.arlon.be
E-Mail: tourisme@swing.be

Martelange: Das im Deutschen Martlingen genannte Dorf an der oberen Sauer, hart an der Grenze zum Großherzogtum Luxemburg gelegen, war bis 1947 ein Mittelpunkt der Dachschiefergewinnung. Aufgrund der Tatsache, dass im Ort und seiner Umgebung viel deutsch, das heißt letzeburgisch gesprochen wird, war das Dorf der Schieferarbeiter 1831 zuerst dem Großherzogtum Luxemburg zugeschlagen worden, kam dann aber an das im selben Jahr als konstitutionelle Monarchie gegründete Belgien. In einem Schieferarbeiterhaus von 1609 ist das Obersauermuseum eingerichtet, das sich vor allem mit dem Leben der Schieferarbeiter befasst. Martelange ist Mittelpunkt des besonderen Schutzgebietes Ardennes Méridionales, in dem heute unter anderem der Schwarzstorch wieder heimisch ist.
Infos: Syndicat d'Initiative, Route de Radelange 43a, B–6630-Martelange
Tel.: 0032-63-600860.

Wiltz: Das hoch auf einem Bergrücken über dem Wiltztal gelegene Städtchen gilt als Mittelpunkt des Ösling, wie die Ardennen im Großherzogtum genannt werden. Wiltz war außerdem im Zweiten Weltkrieg während der Ardennen- oder Rundstedtoffensive von 1944/45 hart umkämpft. Vielleicht war das ein Beweggrund dafür, bereits 1953 unter dem Motto „Dem Frieden der Völker" im Schlosshof von Wiltz europäische Theater- und Musikfestspiele mit internationaler Beteiligung zu veranstalten, die heute aus dem Leben der Stadt und des Landes nicht mehr wegzudenken sind. Im Schloss selbst ist ein Museum eingerichtet, das an die Kämpfe im Dezember 1944 erinnert.

Alljährlich wird zu Pfingsten in Wiltz das Ginsterfest gefeiert, bei dem es unter anderem die Wahl der Ginsterkönigin gibt.
Lecker in Vianden: Alles, was mit Nüssen zu tun hat. Höhepunkt ist der Nussmarkt Anfang Oktober.

Infos: Tel.: 00352-957441
Fax: 00352-959310
www.festival-wiltz.lu
E-Mail: festival.wiltz@culture.lu

Clervaux: Das auf Deutsch „Clerf" genannte Städtchen im Norden des Großherzogtums lohnt einen Stopp vor allem wegen seiner gut erhaltenen Burg, in der das luxemburgische Burgenmuseum untergebracht ist, und die ständige Fotoausstellung „The Family of Man".

Benediktinerabtei St. Mauritius und Maurus: In der Kirche stehen Altäre aus dem 16. Jahrhundert, außerdem eine Pieta aus dem 15. Jahrhundert. In der Krypta gibt es eine sehenswerte Ausstellung über das gegenwärtige Klosterleben.

Klöppelkriegsdenkmal: An dem Weg, der von der Stadt zur Abtei hinaufführt, steht das so genannte Klöppelkriegsdenkmal, das an den Aufstand der Bauern erinnert, die sich 1798 der Zwangsrekrutierung in die französische Armee widersetzten.

12 Kilometer von Clervaux entfernt sollte man in Troisvierges die Kirche besuchen, die 1640 für ein heute nicht mehr bestehendes Franziskanerkloster gebaut wurde. Im Inneren kann man den kunstvoll gearbeiteten Hauptaltar, barockes Inventar sowie einige Gemälde aus der Rubensschule bewundern. Die aus dem 14. Jahrhundert stammende Kirche von Holler bei Troisvierges gilt als eine der schönsten Dorfkirchen in Luxemburg.

Infos: ESIN, 1
Grand-rue
L–9701 Clervaux
Tel.: 00352-921142
Fax: 00352-92944
E-Mail: esinqpt.lu

Vianden: Unübersehbar überragt die Burg Vianden das Städtchen an der Our. Sehenswert sind die Altstadtpartien in der Oberstadt mit Rathaus; hier sind noch Teile der mittelalterlichen Stadtbefestigung erhalten, die einst 24 Türme und fünf Tore hatte; Trinitariakirche: Eine der bemerkenswertesten gotischen Kirchen im Großherzogtum. Da sie sowohl Pfarrkirche als auch Klosterkirche war, hatte sie zwei Schiffe. Einen Turm gibt es nicht, da es sich um die Kirche eines Bettelordens handelte. Pumpspeicherwerk mit Stausee auf dem Nikolausberg und Cavernen (Führungen!) im Tal.

Den schönsten Überblick über Vianden hat man vom Belvedere, der mit Luxemburgs einzigem Sessellift aus der Sanatoriumsstraße erreichbar ist.

Infos: ESIMSO
1a, rue du vieux Marché, L–9401 Vianden
Tel.: 00352-849325
Fax: 00352-849081
E-Mail: esimso@vo.lu

TIPP

Gute Adressen am Wegesrand

SEDAN: Hôtel-Restaurant de l'Europe
2, place de la Gare
F–08200 Sedan
Tel.: 0033-3-24271871
Fax: 0033-3-24293200
www.citotel.com/hotels/europes.html

BOUILLON: Hôtel de la Poste
Place St. Arnould, 1
B-6830 Bouillon
Tel.: 0032-61-465151
Fax: 0032-61-465165
Internet: www.hotelpost.be
E-Mail: info@hotelpost.be

HABAYE-LA-NEUVE:
Les Ardillières du Pont d'Oye
Rue du Pont d'Oye 6
B–6720 Habay-la-Neuve
Tel.: 0032-63-422243
Fax: 0032-63-422852
Internet: www.lesforges.be
E-Mail: lesforges@lesforges.be

FLORENVILLE:
Le Prieuré de Conques
2, rue de Conques
B–6820 Florenville
Tel.: 0032-61-411417
Fax: 0032-61-412703
www.conques.be
E-Mail: info@conques.be

MARTELANGE: Hostellerie an der Stuff
Rue Roche Percée 1
B–6630 Martelange
Tel.: 0032-63-600428
Fax: 0032-63-601392
www.horest.be/pages/fr/hotels/373.htm

ESCH/SAUER: Hôtel-Restaurant de la Sure, Rue du Pont 1
L–9650 Esch/Sauer
Tel.: 00352-839110
Fax: 00352-899101
www.hotel-de-la-sure.lu
E-Mail: info@hotel-de-la-sure.lu

Weitere Informationen: Europäische Vereinigung für Eifel und Ardennen, Landessektion Deutschland,
Stürtztstr. 2–6
52349 Düren
Tel.: 0049-2421-13121
Fax: 0049-2421-13764
www.eifelverein.de
E-Mail: post@eifelverein.de

Die Ginsterroute (Route du Genêt)

Melusine hat sich Zeit gelassen

Seit Goethe 1792 begeisterte Briefe aus Luxemburg geschrieben hat, reißt der Strom der Besucher nicht ab, die das verschachtelte Wunder auf dem steilen Bockfelsen hoch über dem Zusammenfluss von Alzette und Pétrusse bestaunen. Jeden, der in friedlicher Absicht kam, haben die Luxemburger gastlich und mit offenen Armen aufgenommen. So auch einen gewissen Wilhelm Voigt, einen Schuster aus Köpenick, der als Hauptmann von Köpenick weltberühmt geworden war. Er starb 1922 in Luxemburg im Exil.

Es hat aber auch Besucher gegeben, die man bei aller Gastfreundschaft lieber nicht in Luxemburg gesehen hätte – die Generäle, die Feldherren, die fremden Kriegsführer, die sich immer wieder der Stadt bemächtigen wollten. Dass es nach allen Eroberungen und Zerstörungen diese Stadt heute überhaupt noch gibt verdanken die Luxemburger – und da sind sich alle Luxemburger Stadtführer einig – allein einer Nymphe mit Namen Melusine. Die komplizierte Geschichte geht bis in jene Zeit zurück, da es

Der historische Bockfelsen von Luxemburg-Stadt

Die Altstadt in Luxemburg-Grund

weder unten im Tal der Alzette das malerische Grund noch oben auf dem Felsen die Kasematten, die Kathedrale oder das großherzogliche Palais gegeben hat. Damals überspannte weder die Passerelle noch die gewaltige Großherzogin-Charlotte-Brücke die Täler. An ein Europaviertel auf dem Kirchberg war ebenso wenig zu denken wie an den von internationalen Banken gesäumten Boulevard Royal. Nur eine kleine Burg – die Lucillinburhuc – gab es im Jahre 963 auf dem Bockfelsen; vielleicht war sie von den Kelten übrig geblieben, vielleicht von den Römern. Ein gewisser Graf Siegfried lebte dort zusammen mit seiner jungen Frau Melusine. Doch mit ihr war nicht alles so, wie es eigentlich hätte sein sollen. Als der Graf schließlich die wahre Gestalt seiner Frau erkannte, als er entdeckte, dass sie eine Nymphe war, musste Melusine in den Untergrund gehen. Das war ihr so vorherbestimmt. Aber noch etwas war vorherbestimmt: Wenn Melusine abtauchte und sich im Bockfelsen verbarg, musste die Lucillinhuburc oder das, was inzwischen aus ihr geworden war, untergehen. Doch sollte das erst dann geschehen, wenn die Nymphe mit jener Arbeit fertig war, die sie sich in den Untergrund mitgenommen hatte. Ein Hemd wollte sie nähen, was in Handarbeit recht schnell zu vollenden gewesen wäre, doch da Melusine mitbekommen wollte, was aus der Burg ihres Siegfried wurde, beschloss sie, nur alle sieben Jahre einen einzigen Stich zu machen. So zog sich die Arbeit hin ...

Beim heimlichen Umherspähen aus dem Bockfelsen wird Melusine deshalb erlebt haben, wie sich unten in der Tiefe an der Alzette die Handwerker ansiedelten, wie die Klosterkirche St. Jean gebaut wurde mit einem Turm, der so hoch und so spitz ist, dass er beinahe bis zum Bockfelsen reichte. Und als 1443 die Burgunder in einer Nacht die Stadt überfielen und nach Kräften plünderten, da mag Melusine erschrocken nachgeschaut haben, ob das Hemd denn schon fertig war. Die Burgunder zogen irgendwann wieder ab, dafür kamen die Spanier, die Österreicher, die den Bockfelsen zur imposanten Festung ausbauten, die Franzosen und die Preußen – und zum Schluss gleich zweimal kurz hintereinander die Deutschen. Verschwunden sind die Festungsanlagen bis heute nicht. Gottlob, mögen die Luxemburger sagen, die sonst um eine der eindrucksvollsten Sehenswürdigkeiten ihrer Stadt gebracht worden wären. Auch da hat Melusine der Zerstörung wohl wieder rechtzeitig Einhalt geboten. Denn wo sollten die Besucher jenen unnachahmlichen Stadtspaziergang (Wenzel genannnt) machen, wenn nicht auf der Corniche, auf dem Weg über dem Abgrund, hoch über dem heute weitgehend unter Denkmalschutz stehenden Grund?

Nur ein paar Schritte sind es von Melusines Versteck im Bockfelsen, dann taucht man ein in die engen Gassen der Oberstadt. Gleich hinter den letzten, heute noch sichtbaren Resten der Lucillinhuburc hatten sich schon immer die Reichen, der Adel, der Klerus und die Kaufleute angesiedelt. Die Namen der Gassen und Sträßchen, der Plätze und der Kneipen erzählen Stadtgeschichte. Den Gemüsemarkt gab es hier, die Wassergasse, den Fischmarkt. An jeder Ecke locken Kneipen schon mit ihrem Namen. „Am Himmel" heißen sie, „zum St. Michel" oder „zum Krautmaart". Schmale gotische Fenster haben die Häuser hier, gotische Madonnen stehen in Nischen, die von feinen Steinarbeiten gesäumt sind. Uralte Fahnen und Wappen sind auf kleine Erker aufgemalt, vor denen rote Geranien in Blumenkästen leuchten und von denen der berühmte Luxemburger Wahlspruch „Mer wolle bleiwe wat mir sin" prangt.

Fischhändlerinnen gibt es schon lange nicht mehr auf dem Fischmarkt, dafür haben sich hier die kleinen, erlesenen Tempel des sympathischen Gottes Lukull angesiedelt. Das schönste Gebäude Luxemburgs steht hier – das mit maurischer Ornamentik verzierte großherzogliche Palais. Zur spanischen Zeit wurde es im Stil der Renaissance als Rathaus

Großherzöglicher Palast

Ruine Brandenburg

gebaut. Der Großherzog teilt sich den alten Bau mit dem Parlament. Nur ein einziger Soldat, der weder Paradeuniform noch Federhelm trägt, steht Wache und lässt sich von den Touristen fotografieren, die immer wieder vom nahe gelegenen Wilhelmsplatz (Knuedler genannt) mit seinen zahlreichen Straßencafés herüberkommen. Sein Blick geht geradewegs in eine Idylle. Denn schräg jenseits der Straße, die von den drei ungleichen spitzen Türmen der Kathedrale überragt wird, liegt das Regierungsviertel. Man möchte das Wort bei allem Respekt fast in Anführungszeichen setzen. In den Häusern aus dem 17. und 18. Jahrhundert könnte man eher ein Museum kostbarer alter Fayencen erwarten oder die Sammlung herrschaftlicher Wohnkultur der Barockzeit als die Staatskanzlei oder das Außenministerium eines modernen Staates, der bei aller Kleinheit zu den Gründungsmitgliedern Europas gehört.

Oft erobert und zerstört, aber immer wieder aufgebaut, ist Luxemburg von der kleinen Lucillinburhuc, der Lützelburg späterer Zeiten, zu einer europäischen Hauptstadt geworden. Untergegangen ist die Stadt nicht, so oft es auch schon danach ausgesehen hat. Melusine hat sich Zeit gelassen.

Stützenwechsel und Teufelsschluchten

Drei Schritte vor und zwei zurück. Der merkwürdige Rhythmus der Springprozession mag einem zuerst einfallen, wenn von Echternach die Rede ist. Tatsächlich ist die zu Ehren des heiligen Willibrordus alljährlich am Pfingstdienstag veranstaltete Prozession wohl das, was man am ehesten weiß von der kleinen Stadt in Luxemburg, die unmittelbar an der Sauer liegt.

Durch seine ehemalige Benediktinerabtei ist der luxemburgische Marktort kulturgeschichtlich für den ganzen Ardennenraum höchst bedeutsam. Darüber hinaus ist Echternach, das im Letzeburgischen Iechternach heißt, dank seiner Lage nahe dem berühmten Müllertal und der Kleinen Luxemburgischen Schweiz, aber auch wegen seiner architektonischen Schätze, ein vielbesuchter Fremdenverkehrsort.

Echternach war eines der ersten Zentren der Christianisierung Mitteleuropas. 698 ließ sich der aus Northumberland stammende Mönch Willibrordus an der Sauer, am Rande des Ösling, nieder und gründete eine Benediktinerabtei. Am 7. November 739 starb er hier und wurde in der Klosterkirche beigesetzt. Schon bald nach seinem Tod galt der später heilig gesprochene Klostergründer als wundertätig. Sein Grab lockte so viele Wallfahrer an, dass man Kirche und Abtei vergrößern musste. Aus dieser merowingischen Zeit stammt noch die Krypta der Abteikirche. Ihr Gewölbe ist mit sehenswerten Fresken ausgemalt.

Infolge großzügiger Schenkungen dehnte sich der Klosterbesitz schon Ende des 8. Jahrhunderts bis an den Niederrhein aus. Unter Karl dem Großen entfaltete Echternach seine erste große Blüte als Kunstzentrum. Mittelpunkt war die Malschule, in der einzigartige Kostbarkeiten in Form von Buchmalereien geschaffen wurden. Ende des 10. Jahrhunderts entstanden hier Werke, die den Namen der Echternacher Mal- und Schreibschule weltberühmt gemacht haben. Am bekanntesten und wertvollsten sind der „Codex Aureus Epternacensis“ und der große „Codex Aureus Escorialensis“. 1031 entstand nach einem Brand die Klosterkirche, in der heute die Gebeine des heiligen Willibrordus beigesetzt sind. In die Geschichte der Architektur und der Kunst ging diese Kirche unter dem Stichwort „Echternacher Stützenwechsel“ ein.

Im 17. und 18. Jahrhundert ließen sich die Äbte von Echternach als machtbewusste Barockfürsten prächtige Paläste in und außerhalb Echternachs bauen, wie den Rokokopavillon im Park der Abtei, den der Tiroler Baumeister Paul Mungenast zwischen 1761 und 1765 errichtete. Jenseits der

Der Abteikomplex von Echternach

Ausdruck der Macht: Prächtige Bauten in Echternach

Sauer, auf dem Eifelerufer, entstand das großartige Barockschloss Weilerbach, in dem eine geheime Treppe aus dem Schlafzimmer der Äbte direkt in den Weinkeller führte. Dort soll es zu wilden Orgien gekommen sein, bei denen auch Frauen nicht fehlten.

Während der Ardennenoffensive im Dezember 1944 wurde die weltberühmte Abteikirche von deutschen Truppen gesprengt! Nach langjährigem Wiederaufbau und zäher Restaurierung sind die Schäden inzwischen beseitigt.

Neben dieser so bedeutsamen Abteikirche besitzt Echternach ein weiteres Bauwerk, das zu den berühmtesten gotischen Profanbauten Europas gezählt wird: der Dingstuhl – ein spätmittelalterliches Rats- und Gerichtsgebäude – aus dem mundartlich „Dentzelt" wurde. Das Gebäude mit seiner schönen Bogenhalle aus dem 15. und 16. Jahrhundert steht als unübersehbarer Blickfang am reizvollen Marktplatz.

Als Kostbarkeit mittelalterlicher Brückenbaukunst muss man die auf römischen Fundamenten stehende Brücke über die Sauer zum deutschen Echternacherbrück ansehen. Im Süden und Osten der Stadt sind noch Teile der mittelalterlichen Stadtmauer erhalten. Sie hat insgesamt fünf Türme.

Die malerischste Ardennenstadt

Esch an der Sauer – das nicht zu verwechseln ist mit der gleichnamigen Industriestadt an der Alzette – gilt als der attraktivste Fremdenverkehrsort im Großherzogtum Luxemburg. Mit seinen grauen Steinhäusern unter dunklen Schieferdächern und dem Fluss, der hier eine große Schleife formt, mit der alles überragenden Burgruine und der von Waldbergen gesäumten Tallandschaft ist Esch das typische und malerische Ardennenstädtchen.

Die frei zugängliche Burg Esch ist sehr alt. Schon 927 wurde sie als Schutz gegen die Ungarn errichtet. Aus dieser Zeit stammt noch der Bergfried. Im 14. Jahrhundert wurde der kleine Ort mit einer Stadtmauer umgeben, von der allerdings nur noch kümmerliche Reste erhalten sind. Die Burg hingegen lässt auch als Ruine noch ihre einstige Größe und Bedeutung erkennen; bis 1840 war sie noch bewohnt.

Esch hat eine große Bedeutung gewonnen, weil es Zentrum des Naturparks Öwersauer (Obersauer) ist. Das Städtchen liegt unmittelbar am Fuß des Staudammes des Obersauer-Stausees, der größten Wasserfläche im

Der Obersauerstausee bei Esch/Sauer

Großherzogtum. Dieser Stausee mit seinen 59 Millionen Kubikmetern Wasser ist Herzstück des Naturparks. Rund zwei Drittel der Luxemburger beziehen ihr Trinkwasser daraus. Der Stausee ist ein Eldorado für Wassersportler, die hier alle Möglichkeiten vorfinden.

Das Burgenstädtchen Esch an der Sauer

Von der großen Wasserfläche abgesehen wird der Naturpark vor allem durch weite Wälder geprägt, in denen selten gewordene Tierarten ihre Heimat haben – etwa der Fischotter, die Wildkatze und das Haselhuhn.

Eine Bilderbibel an die Decke gemalt

Rindschleiden, die kleinste Ortschaft im Großherzogtum Luxemburg, liegt abseits aller großen Verkehrswege und ist nur auf einer schmalen, heckengesäumten Straße zu erreichen. Ein Bauernhof, ein winziges, heute nicht mehr genutztes Schulhaus, ein Pfarrhof und eine kleine Kirche machen diese zur Gemeinde Wahl gehörende Siedlung im Ösling aus.

Äußerlich ist die Kirche eher unscheinbar. Die Jahreszahl aus dem 18. Jahrhundert über dem Türsturz erinnert lediglich an eine Renovierung. Tatsächlich wurde die Kirche bereits im 10. Jahrhundert gebaut und zunächst allen Heiligen geweiht. Da sie eine Gründung der Abtei Echternach war, erfuhr die im 16. Jahrhundert mehrfach umgebaute, ursprünglich nur 5 mal 10 Meter große Kapelle eine weitere Weihe an den heiligen Willibrordus, den Stifter von Echternach.

Als die kleine Kirche 1952 von Grund auf renoviert wurde, entdeckte man, was dieses Gebäude zur kunstgeschichtlich bedeutendsten Kirche des Großherzogtums Luxemburg macht: Das gesamte spätgotische Kreuzrippengewölbe der Kirche ist bis zu den Wänden ausgemalt. Dutzende

Enge Felsschluchten, Schlöffe genannt, in der Luxemburgischen Schweiz

von Darstellungen sind in leuchtenden Farben zu sehen. Auf einer Fläche von insgesamt 170 Quadratmetern wurde hier im 15. Jahrhundert eine regelrechte Bilderbibel geschaffen. Leider sind die Fresken an manchen Stellen beschädigt; wahrscheinlich wurden sie durch diverse Renovierungen in Mitleidenschaft gezogen, ehe sie dann unter einer Putzschicht verschwanden.

Diese Bilderbibel, deren Darstellungen gut zu erkennen und zu deuten sind, diente jedoch weniger dem Schmuck der Kirche und nicht der Erbauung der Gläubigen, sondern kam den Menschen im 15. Jahrhundert entgegen, die größtenteils Analphabeten waren. Damit ihnen trotzdem das biblische Geschehen, das Leben Christi und der Heiligen nahe gebracht werden konnte, wurde die Decke des kleinen Gotteshauses zu einem einzigartigen Bilderbuch ausgestaltet. Weder in den Ardennen noch in der Eifel gibt es etwas Vergleichbares. Die Menschen, die den Gottesdienst besuchten, brauchten nur den Blick nach oben zu richten und konnten dann in den Bildern sehen, was ihnen der Pfarrer predigte.

Wer die Fresken in der Kirche gemalt hat, weiß man nicht, es spricht jedoch einiges dafür, dass verschiedene Künstler am Werk waren und dass sie aus unterschiedlichen Ländern gekommen sind. Die Bilder zeigen Stilmerkmale, die nach Flandern, nach Nordfrankreich und sogar nach Italien weisen.

Die Überlieferung in Luxemburg schreibt dem heiligen Willibrordus eine Vielzahl von heilkräftigen Brunnen zu, die er mit seinem Bischofsstab aus dem Boden des Ösling lockte. So befindet sich neben der Kirche von Rindschleiden in einer kleinen Parkanlage ein solcher Willibrordusbrunnen. Er ist in einer Urkunde des Jahres 1590 erwähnt. Wiedergefundene steinerne Taufbecken, die hier aufgestellt wurden, verleihen dem Ort eine besondere Atmosphäre.

DIE GINSTERROUTE IM ÜBERBLICK

Die Idee, die vor Jahren ein Hotelier aus dem Großherzogtum hatte, war hervorragend: Die schönsten Punkte des Ösling sollte ein Rundkurs zusammenfassen und erschließen. Und dieser Rundkurs sollte jenem Strauch gewidmet sein und seinen Namen tragen, der im späten Frühjahr mit seiner goldgelben Blütenpracht zum Wahrzeichen der Landschaft wird – dem Besenginster.

Doch leider blieb die Idee in den Anfängen der Ausführung stecken. Eine feste Routenplanung gibt es bis heute nicht, nur hier und da, vor allem an kleineren Straßen im Islek, steht einmal eine rechteckige braune Hinweistafel mit einer überdimensionalen goldenen Ginsterblüte und der Beschriftung: „Route du Genêt“. Der Reisende, der unterwegs in den Ardennen ist, hier in ihrem luxemburgischen Teil, kann diese aufgestellten Tafeln der Ginsterroute also nur als Empfehlung nehmen, das Waldbergland auf eigene Faust und durch zuverlässige Markierungen geleitet zu erkunden.

Sehenswürdigkeiten entlang der Route:
Luxemburg-Stadt: Wie Lüttich im Norden ist auch Luxemburg keine eigentliche Ardennenstadt, sondern nur ein Eingangstor in das Bergland. Sehenswürdig ist die Lage der Stadt auf einem jäh abfallenden Felsplateau über den Tälern von Alzette und Pétrusse. Es gibt einige zuverlässig ausgeschilderte und markierte Rundwanderwege, auf denen man die Stadt und ihre Sehenswürdigkeiten kennen lernen kann. Die nachhaltigste Route ist dabei der Wenzel-Rundweg, der die 1000-jährige Geschichte der Stadt in 100 Minuten erschließt.

Die Kathedrale Notre-Dame, die aus dem 17. Jahrhundert stammt, wurde 1937 erweitert. In der Krypta liegt Johann der Blinde begraben, der 1346 starb. Er war König von Böhmen und deutscher Kaiser aus dem Hause Luxemburg.

Das Großherzogliche Palais von 1572/73 ist eines der wichtigsten und gleichzeitig architektonisch interessantesten historischen Gebäude des Landes.

Bockfelsen und Bockkasematten erinnern an die gewaltigen Befestigungsanlagen des „Gibraltars des Nordens“.

Das Nationalmuseum am Fischmarkt wurde 2002 nach mehrjährigem Umbau wieder eröffnet. Malerisch und sehenswert ist der Stadtteil Grund unterhalb des Bockfelsens.

Das Grabmal des 1922 in Luxemburg gestorbenen „Hauptmanns von Köpenick“, Wilhelm Voigt, kann man auf dem Liebfrauenfriedhof am Limpertsberg besuchen.
Lecker: Pralinen aus der Confiserie Oberweis.

Infos: Luxembourg City Tourist Office, Place d'Armes, Postfach 181, L–2011 Luxembourg
Tel.: 00352-222809, Fax: 00352-467070, www.luxembourg-city.lu/touristinfo
E-Mail: touristinfo@luxembourg-city.lu

Bourscheid: Die Ruine der Burg Bourscheid ist eine der größten und eindrucksvollsten luxemburgischen Burgruinen. Mehr als 145 Meter hoch überragt sie auf steilem Felsen das hier besonders wild-romantische Sauertal. Sehenswert ist das wiederaufgebaute Haus Stolzembourg innerhalb der Burg mit einem Burgenmuseum.
Infos: ESILAC, 15, route de Lultzhausen, L–9650 Esch/Sauer
Tel.: 00352-899331201
Fax: 00352-899520
www.naturpark-sure.lu
E-Mail: esilac@naturpark-sure.lu

Clervaux: siehe Seite 153

Diekirch: Die kleine Stadt an der Sauer ist vor allem als luxemburgische Bierstadt bekannt. Ihr Name leitet sich von „Diet Kirch", das heißt Volkskirche, ab. Er bezieht sich auf die alte St. Laurentiuskirche, die an Stelle einer im 5. Jahrhundert über einem römischen Tempel errichteten Kirche im 11. Jahrhundert gebaut wurde. Im Städtischen Museum sind zwei bemerkenswerte Fußbodenmosaike aus einer gallo-römischen Villa des 3. Jahrhunderts zu sehen. Ab Diekirch ist die Sauer unabhängig vom Wasserstand ganzjährig mit dem Kajak befahrbar, allerdings gibt es keinen Bootsverleih.
Lecker: Diekirch-Bier.
Infos: ESIMSO, 1a, rue du vieux Marché, L–9401 Vianden, Tel.: 00352-849325
Fax: 00352-849081, E-Mail: esimso@vo.lu

Echternach: Wichtigste Sehenswürdigkeit in der alten Abteistadt an der Sauer ist der Komplex der Willibrordus-Abtei. Aus kunsthistorischer Sicht ist sie wegen des so genannten „Echternacher Stützenwechsels" von Bedeutung.

Das Abteimuseum bietet einen umfassenden Überblick über die Echternacher Buchmalerei, kann jedoch nur Faksimiles zeigen, da die Originale im Zuge der Wirren der Französischen Revolution in alle Welt verstreut wurden.

Pfarrkirche St. Peter und Paul auf einem kleinen natürlichen Hügel: Hier hat Willibrordus seine erste Abtei gegründet. Die heutige Kirche entstand im 11. Jahrhundert.

Der Dentzelt, das mittelalterliche Rathaus der Stadt, gilt als schönstes gotisches Gebäude in Luxemburg.

Die Sauerbrücke – sie bildet die Grenze zu Deutschland – ist nach ihrer Zerstörung im Zweiten Weltkrieg im Stil der mittelalterlichen Brücke restauriert worden.

Nur wenige Kilometer saueraufwärts von Echternach liegt als Teil des deutsch-luxemburgischen Naturparks die bizarre Felsenlandschaft der so genannten Kleinen Luxemburgischen Schweiz. Das Tal der Schwarzen Ernz, das diese Felsenlandschaft durchfließt, heißt seit alters her Müllertal. Es wird oft als die landschaftlich schönste Sehenswürdigkeit im Ösling bezeichnet. Höhepunkt des Tals ist der Schießentümpel genannte Wasserfall der Schwarzen Ernz, zu dem von der Straße aus ein Treppenweg führt. Er gilt als das meistfotografierte Objekt im ganzen Großherzogtum. Zahlreiche markierte Wanderwege führen rechts und links des Tals, teils unten am Wasser entlang, teils zwischen den wild geformten und durch tiefe Kerben („Schlöffe") zerschnittenen Felsblöcken hindurch. Manche dieser Klüfte gelten hier als Teufelshöhle. Der Sage nach soll der Teufel hier einst darüber nachgedacht haben, wie er die strahlende Abtei Echternach zerstören könnte.

Diese oft senkrecht 100 Meter und mehr aufsteigenden Sandsteinfelsen der Kleinen Luxemburgischen Schweiz locken seit jeher die Alpinisten. Das auf der Höhe gelegene Dorf **Berdorf** gilt als das Kletterdorf Luxemburgs. Abseits von allem Alpinismus bietet es ein sehenswertes Kuriosum: Der Hauptaltar der katholischen Dorfkirche ist nichts anderes als der Altarstein eines römischen Dianaaltares, verziert mit Figuren des Gottes Apoll, des Herkules, der Minerva und der Juno.
Infos: Entente des S.I. et du Tourisme de la Petite Suisse lux. et de la Basse Sure, 9–10, Parvis de la Basilique, L–6486 Echternach, Tel.: 00352-720457, Fax: 00352-727524, E-Mail: info@mullerthal

Esch an der Sauer: Besonders markant ist die aus dem Jahr 927 stammende Burg, die seit 1840 nur noch Ruine ist.

Lohnend ist von Esch aus ein Ausflug in den Naturpark Obersauer mit dem Obersauerstausee und einem interessanten Informationszentrum. Dieses Naturparkzentrum ist eine eigenartige, aber höchst sinnvolle Kombination von Museum und Informationszentrum. Eingerichtet wurde es in einer ehemaligen Tuchfabrik, die einst durch die Wasserkraft der Sauer ihre Energie bekam. Im Erdgeschoss des Komplexes sind noch zahlreiche Maschinen, wie Spinnmaschinen und mechanische Webstühle vorhanden, die voll funktionsfähig sind. Bei Bedarf, etwa bei Gruppenführungen, können sie in Betrieb genommen werden.

Im Obergeschoss gibt es eine ständige Ausstellung zum Thema Natur im Ösling.
Infos: ESILAC, 15, route de Lultzhausen,
L–9650 Esch/Sauer,
Tel.: 00352-899331201
Fax: 00352-899520
www.naturpark-sure.lu
E-Mail: esilac@naturpark-sure.lu

Helzingen: Das auf französisch Hachiville genannte Dorf wartet im Inneren der Pfarrkirche mit einer besonderen Kostbarkeit auf – dem Schnitzaltar von Hel-

zingen. Im 16. Jahrhundert wurde dieser Schnitzaltar, der Szenen aus dem Marienleben zeigt, von einem unbekannten Brabanter Künstler geschaffen. Der Altar besticht durch seine einfach gehaltenen und nur schwach kolorierten Figuren.
Infos: ESIN 1, Grand-rue, L–9701 Clervaux, Tel.: 00352-921142
Fax: 00352-929445, E-Mail: esin@pt.lu

Rindschleiden: Ganz versteckt im Norden liegt die kleinste Ortschaft des Großherzogtums. Das Dörfchen kann sich rühmen, die kunsthistorisch bedeutsamste Kirche Luxemburgs zu besitzen. Das gotische Kreuzrippengewölbe ist auf eine Fläche von rund 170 Quadratmeter im 16. Jahrhundert derartig mit Fresken ausgemalt worden, dass man von einer echten „Bilderbibel" sprechen kann.
Infos: ESIN 1, Grand-rue
L–9701 Clervaux, Tel.: 00352-921142,
Fax: 00352-929445, E-Mail: esin@pt.lu

Vianden: siehe Seite 154

Wiltz: siehe Seite 153

TIPP

Gute Adressen am Wegesrand

LUXEMBURG: Restaurant Jan Schneidewind, 20, rue du Curé
L–1368 Luxemburg
Tel.: 00352-222618/19
Fax: 00352-462440
www.schneidewind.lu
E-Mail: info@schneidewind.lu

LUXEMBURG: Café „Am Musée", 14 rue de St. Esprit, L–1475 Luxemburg
Tel.: 00352-26202595
Fax: 00352-26202596

LUXEMBURG: Hôtel-Restaurant Le Royal
12, Bvd. Royal, L–2449 Luxemburg
Tel.: 00352-241616-1
Fax: 00352-225948, www.hotelroyal.lu
E-Mail: reservations@hotelroyal.lu

GEYERSHOF: Restaurant La Bergerie. Maison 1, L–6251 Geyershof
Tel.: 00352-790464, Fax: 00352-790771
www.bergerie.lu, E-Mail: phalt@gms.lu

DIEKIRCH: Hôtel-Restaurant Hiertz
1, rue Clairefontaine
L–9201 Diekirch
Tel.: 00352-803562
Fax: 00352-808869

GRUNDHOF: Hôtel-Restaurant L'Ernz Noire
2, rte. de Beaufort, L–6360 Grundhof
Tel.: 00352-836040
Fax: 00352-869151, www.lernznoire.lu
E-Mail: lernznoire@pt.lu

Weitere Informationen: Landesverkehrsamt ONT Luxembourg, Postfach 1001, L–1010 Luxemburg
Tel.: 00352-42828226
Fax: 00352-42828238
www.ont.lu, E-Mail: info@ont.lu

Die Wälderroute (Route des Forêts)

Das Leben des Heiligen Hubertus

Als der heilige Hubertus – zunächst noch gar nicht Heiliger, sondern leidenschaftlicher Jäger – am Karfreitag des Jahres 683 in den Ardennenwäldern auf die Jagd ging, stand plötzlich der berühmte Hirsch mit dem leuchtenden Kreuz im Geweih vor ihm. Hubertus ließ daraufhin von seinem Tun ab, verzichtete auf sein Herzogtum Aquitanien und begann ein Leben als Einsiedler.

So lautet zumindest die volkstümliche Legende um das Leben des vornehmen, reichen jungen Mannes aus Aquitanien, der nach dem Tod des heiligen Lambertus Bischof von Tongeren (oder Maastricht oder Lüttich, die Überlieferungen gehen da auseinander) wurde. Als Wunderheiler von Geisteskranken und Besessenen wurde er berühmt und verehrt. Am 27. Mai 727 starb Hubertus in Tervueren und wurde in Lüttich begraben. Schon am 3. November 743 wurde Hubertus heilig gesprochen. Seine Gebeine wurden 825 in die Kirche der kurz zuvor gegründeten Benediktinerabtei Andange in den südlichen Ardennen überführt.

Aus dem Kloster entwickelte sich schnell eine bedeutende Abtei, heute Mittelpunkt des Städtchens St-Hubert. Seit dem frühen Mittelalter pilgerten die Menschen an das Grab des Heiligen, erflehten Hilfe gegen Besessenheit und auch gegen die Tollwut. Noch heute ziehen aus verschiedenen Orten alljährlich am Hubertustag, dem 3. November, Pilger in die Ardennen. Doch beten am Grab des Heiligen kann heute niemand mehr, denn vor den anrückenden Truppen der Französischen Revolution brachten die flüchtenden Mönche den Sarg in Sicherheit. Bis heute weiß niemand wohin.

Die Krypta in der Basilika von St. Hubert

Das prunkvolle Grabmal in der Basilika ist nur ein so genannter Kenotaph, ein Grabmal für einen andernorts bestatteten Toten.

Die Entwicklung des Städtchens zur europaweiten Hauptstadt der Jägerschaft kam erst in neuerer Zeit auf.

Dies alles ist recht anschaulich im Museum „Die Legende vom Heiligen Hubertus" dargestellt, das gegenüber der Basilika in St-Hubert liegt. In zahlreichen Gruppen sind diese Szenen aus dem Leben des Heiligen mit animierten und zeitgemäß kostümierten Puppen und viersprachiger Beschriftung (auch in Deutsch) auf zwei Etagen in zahlreichen Räumen aufgebaut. Dieses Museum beeindruckt durch die sehr schlichte Art der Darstellung sowie durch die akustische Untermalung einzelner Szenen.

Beim ersten Versuch explodierten die Kanonen

Seit im Jahre 825 die Gebeine des Hubertus in den südlichen Ardennen beigesetzt wurden – dort, wo die Wälder am dichtesten sind und wo der Heilige der Legende nach die Erscheinung des Hirsches mit dem leuchtenden Kreuz im Geweih gehabt haben soll –, entwickelte sich um die Begräbnisstätte die größte Benediktinerabtei Südbelgiens. Jahrhundertelang war sie reich und mächtig, dann ging es wirtschaftlich abwärts.

Der 51. und gleichzeitig letzte Abt von St-Hubert, Dom Nicolas Spirlet, wollte die Wirtschaftsgrundlage der Abtei ändern und gründete in einem Waldtal, dem Tal der Masblette nahe St-Hubert eine Hochofen- und Gießereianlage: den Fourneau

Stolz ragt die Basilika über die Häuser von St. Hubert.

St. Michel. Das war 1771. Sieben Jahre später kam der fromme Mann sogar auf die Idee der Rüstungsfabrikation. Er hatte sich in den Kopf gesetzt, die amerikanischen Truppen im Unabhängigkeitskrieg gegen England zu unterstützen und ließ im Ardenner Waldtal kurzerhand Kanonen gießen. Doch der geistliche Herr verstand sich nur bedingt auf derartiges Kriegsgerät, denn die Kanonen explodierten beim ersten Probeschuss. Bald danach machte die Französische Revolution Abtei und Hochofen ein Ende. Dom Nicolas, der verhinderte Rüstungsfabrikant, ging nach Monschau in der Eifel ins Exil, wo er 1794 oder 1795 starb.

Der einstige Hochofenklomplex, dessen Produkte den amerikanischen Unabhängigkeitskrieg beeinflussen sollten, ist heute einer der beiden Kernpunkte des Freilichtmuseums der belgischen Provinz Luxemburg. Das einstige Verwaltungsgebäude wurde restauriert und birgt eine Fülle sehenswerter Exponate zur Geschichte der Eisenverarbeitung in den Ardennen. Unter anderem kann man hier einige gusseiserne Stubenöfen und Ofenplatten, so genannte Takenplatten, sehen, die das Herz eines jeden Sammlers höher schlagen lassen könnten.

Besonders interessant ist auch das, was von der technischen Anlage des Hochofens und der Nebenbetriebe übrig geblieben ist. Manches steht noch nach über 200 Jahren, anderes wurde inzwischen restauriert.

Mittelpunkt der Anlage ist der Hochofen, an den die Gießereihalle angebaut ist. Lebenswichtig für den Hochofen war die Blasebalghalle, die Gebläsehalle späterer Hochofenanlagen. Nur durch ständiges intensives Zuführen von Sauerstoff durch gewaltige Blasebälge konnte die Holzkohle, die zum Verhütten benötigt wurde, die für Eisen notwendige Schmelztemperatur von 1530 Grad erreichen. Zum Lagern der in den umliegenden Wäldern gewonnenen Holzkohle benutzte man ein großes Gebäude, in dem heute das Museum des Ardennenwaldes untergebracht ist. Hier wird besonderer Wert auf die Darstellung der Holzkohlegewinnung und -verwertung gelegt.

Über einen Weg entlang der Masblette kommt der Besucher zum Haupteingang des Freilichtmuseums der Wallonie. Hier soll einmal mithilfe von abgetragenen und wiederaufgebauten alten Gebäuden aus allen Teilen der Wallonie und durch Veranstaltungen das frühere Dorfleben in den Ardennen dargestellt werden. Dabei liegt der Schwerpunkt auf der Provinz Luxemburg, die wegen ihrer landschaftlich besonders reizvollen Täler wie Ourthe und Semois und ihren zum Teil sehr alten Dörfern oft als schönste Ardennenprovinz gerühmt wird.

Anders als das flämische Freilichtmuseum Bokrijk bei Hasselt oder das Rheinische Freilichtmuseum im deutschen Kommern ist das Freilichtmuseum Fourneau St. Michel erst im Aufbau. Es wird wohl noch viele Jahre dauern bis alle bereits erkennbaren Bauplätze das für sie jeweils vorgesehene Gebäude tragen werden.

Schon jetzt erfährt man jedoch viel Interessantes über die Region. Dass das Tal der Semois bis in die 1960er-Jahre ein Zentrum des Tabakanbaus war und hier sogar Zigarren hergestellt wurden, wird durch die entsprechenden Vorratsschuppen und eine Werkstatt dokumentiert. Man erfährt aber auch, dass es in dieser Provinz am Rande der Ardennen immer noch ein Weinbaudorf gibt.

Weit verstreut auf dem wie eine Insel im dichten Wald gelegenen Museumsgelände gibt es inzwischen ein altes Schulhaus und ein dörfliches Backhaus, eine kleine ländliche Siruppresse, eine Hufschmiede und einen Friedhof. Manche Gebäude hängen mit Wald und Holz zusammen, wie Sägewerk oder Holzfällerhütte, Holzschuhmacher und eine Nagelschmiede. Ausführlich werden in einem alten Bauernhaus Geschichte und Bedeutung des Belgischen Kaltblutpferdes dargestellt.

Aussichtsreich auf einem Hügel beherrscht der Museumsgasthof „Le Prévost“ das Gelände. In diesem alten Ardennengasthaus gibt es nicht nur köstlichen Ardenner Schinken, sondern auch Eintrittskarten für das Museum.

NUR DER SCHINKEN HAT ALLES ÜBERLEBT

Nüsse sind in Bastogne heute so populär, dass man im Spätherbst in der Ardennenstadt sogar ein eigenes Nussfest veranstaltet, das seinen Ursprung in einem Ereignis des Zweiten Weltkriegs hat: Am 22. Dezember 1944 kesselten deutsche Truppen unter General Rundstedt die von Amerikanern besetzte Stadt ein und stellten ihr berühmt gewordenes Übergabe-Ultimatum.

Ardenner Köstlichkeiten in Bastogne

Im Museum der Ardennenschlacht in Bastogne

Als Antwort erhielten sie die nicht minder berühmt gewordenen „Nuts" des amerikanischen Generals McAuliffe, die der Stadt später den Namen „Nuts-City" eingebracht haben.

Immerhin bedeuteten diese „Nuts" den Beginn der letzten Entscheidungsschlacht des Zweiten Weltkriegs im Westen – der Ardennen- oder Rundstedt-Offensive, die allein für mehr als 77.000 amerikanische Soldaten den Tod und für Bastogne den Untergang brachte. Als am 25. Januar 1945 die Schlacht vorbei war, gab es Bastogne nicht mehr. Lediglich das mittelalterliche Trierer Tor, ein Stadttor aus dem 14. Jahrhundert, zwei Türme in der oberen Stadt und die aus dem 7. Jahrhundert stammende St. Peterkirche hatten das Inferno überstanden. Im Mittelalter war die auf deutsch Bastenach genannte Stadt in der belgischen Provinz Luxemburg, die seit jeher als Hauptstadt der Ardennen gilt, eine so blühende Handelsstadt, dass sie im 16. Jahrhundert als Paris-en-Ardennes bezeichnet wurde. Von fünf Seiten trafen hier wichtige Handelsstraßen zusammen, von überall her kamen die Kaufleute und Bauern zu den großen Vieh- und Getreidemärkten. Schon damals war ein Erzeugnis der Landwirtschaft von Bastogne besonders geschätzt: Der Ardenner Schinken, der schonend auf dem Ginsterfeuer geräuchert wurde. Auch heute noch ist Bastogne neben St-Hubert und La Roche eine Hochburg der Schinkenherstellung.

Beim Barte des Apostels

Nur um einer kleinen Dorfkirche willen eine Reise von zwei oder drei Stunden zu machen, mag unsinnig erscheinen, für die Kirche von Beho lohnt sich jedoch der längste Weg. Die Pfarrkirche des kleinen Dorfes Beho, unweit von St. Vith in der belgischen Provinz Luxemburg gelegen, nahe den Quellen der Ardennenflüsse Ourthe, Our und Salm, darf getrost als einzigartig bezeichnet werden.

Schon äußerlich ist diese dem Apostel Petrus geweihte Kirche ungewöhnlich, zieht sich doch um den im 18. Jahrhundert entstandenen Turm auf drei Seiten eine Loggia. Sie dient – mit Unterbrechungen bis heute – dazu, kostbare Reliquien, die in der Kirche aufbewahrt werden, frommen Pilgern zu zeigen. Die Kirche selbst stammt in ihren Anfängen wohl aus dem frühen 12. Jahrhundert. Es gibt sogar Hinweise, dass hier bereits im 9. Jahrhundert eine erste Kirche gestanden hat, und zwar möglicherweise auf den Überresten eines heidnischen Quellheiligtums. Das wäre angesichts der Nähe der drei bedeutenden Flussquellen verständlich. Wegen der Reliquien wurde die Kirche bereits in einer päpstlichen Bulle von 1326 erwähnt; der heutige Bau stammt von 1712. Beim Betreten der Kirche umfängt den Besucher eine Farbenpracht, dass man sich verwundert die Augen reiben möchte. Ist das das Innere einer katholischen Dorfpfarrkirche in einem relativ unbedeutenden Ardennendorf?

1954 wurde das Kircheninnere, vor allem das hölzerne Inventar, durch einen Brand stark beschädigt. Dieses Inventar war Anfang des

Bauernbarock in der Kirche von Beho

18. Jahrhunderts durch den Meister Jean-Georges Scholtus aus Bastogne aus Eichenholz gefertigt worden. In mühevoller Arbeit wurden 1954 Hochaltar, Kommunionbank, die beiden Seitenaltäre sowie die Kanzel restauriert. Mit Zustimmung des zuständigen Ortsbischofs in Namur und der obersten belgischen Denkmalbehörde in Brüssel versah der Maler Louis-Marie Londot die sakralen Möbel darin mit einem gewagten, knallig bunten Farbüberzug.

Diese Polychromie im Kircheninneren hat damals nicht nur bei der Dorfbevölkerung zu heftigen Diskussionen geführt, sondern in ganz Belgien. Kunstsachverständige und Schaulustige kamen in den ersten Jahren aus dem ganzen Land, aber auch aus Frankreich,

Luxemburg, den Niederlanden und Deutschland. Bei aller Kritik ist das kleine Beho durch diese bunte Kircheneinrichtung zu einer Sehenswürdigkeit ersten Ranges in Belgien geworden.

Ein Graf von Salm soll als Teilnehmer am ersten Kreuzzug entweder in Jerusalem oder aber vom Papst in Rom eine Vielzahl kostbarer Reliquien als Geschenk bekommen und sie in das Ardennendorf mitgebracht haben. 20 verschiedene Reliquien befinden sich heute in einem 1924 neu geschaffenen, mit Glasscheiben versehenen Reliquienschrein in der Kirche von Beho. Darunter sind ein Fetzen vom Leichentuch Christi, ein Splitter vom Kreuz, Haare der Muttergottes, Barthaare des Apostels Petrus, ein

Die Kirche von Beho: Dem Apostel Petrus geweiht

Rückenwirbel der heiligen Agatha, Knochensplitter des heiligen Laurentius und der legendären 11000 heiligen Jungfrauen von Köln sowie ein Stück eines Armknochens des heiligen Georg.

Bis 1750 wurden diese Reliquien regelmäßig von der Loggia am Kirchturm aus den Pilgern gezeigt. Dann raubten Diebe den Reliquienschrein. Man fand ihn auf einem Acker nahe dem Dorf wieder. Alles Silber war entfernt und die Reliquien waren durcheinandergebracht worden. Daraufhin verbot der damals zuständige Bischof in Lüttich das weitere Zeigen der Reliquien. Erst als 1865 Beho zur Diözese Namur kam, erlaubte es der neu zuständige Bischof wieder, zumindest den Splitter des Kreuzes, die Barthaare des heiligen Petrus und das Knochenstück des heiligen Laurentius zu zeigen.

Noch vor 100 Jahren wurde in Beho, das im deutschsprachigen St. Vither Land „Bocholtz“ oder „Bucholtz“ heißt, deutsch gesprochen. Im Schluss-Stein über der Kirchentüre, auf alten Grabsteinen und auf den Kirchenglocken, sind die Inschriften in deutscher Sprache verfasst. Auch viele Familiennamen im Dorf lauten Deutsch.

Die kleinste Stadt der Welt

Ob Durbuy im Tal der Ourthe tatsächlich die kleinste Stadt der Welt ist, wie die Fremdenverkehrswerbung hier behauptet, mag dahingestellt bleiben, denn wer das malerische alte Residenzstädtchen erlebt, wird rasch so fasziniert sein von seinem Stadtbild, von den engen Gassen, den alten Häusern

Immer noch bewohnt: Das Schloss von Durbuy

und nicht zuletzt dem stattlichen Schloss, dass ihn der umstrittene Superlativ kaum noch interessiert.

Angeblich soll die Stadt nur 300 Einwohner haben. Vielleicht stimmt das, obwohl der Ort größer erscheint. Viele der schmucken alten Häuschen in der Altstadt sind so betagt, dass sie zwar hübsch anzusehen sind, aber kaum noch zu bewohnen sein dürften. Sie sind Staffage für einen Ort, der vom Frühjahr bis zum Herbst zu den meist besuchten Touristenorten der Ardennen gehört.

In der Hochsaison ist die alte Stadt nur Fußgängern und einer kleinen touristischen Stadtbahn vorbehalten. Diese müht sich nicht nur zwischen den Häusern von Durbuy hindurch, sondern auch die Anhöhe hinauf, von wo aus man einen großartigen Blick über das Städtchen hat. Man erkennt von hier oben leicht, wie sich Durbuy um das hoch aufragende Schloss schmiegt, auf dem heute noch die Grafen von Ursel leben, deren Vorfahren bereits 1756 das Schloss erwarben. Vorher war Schloss Durbuy immer wieder zerstört worden; seine Besitzer, die Grafen von Namur, später die von Luxemburg, lagen in ständigem Streit mit den Fürstbischöfen von Lüttich, die immer wieder Soldaten und Kanonen gegen das Schloss in den Ardennen anrücken ließen. Die jeweiligen Schlossherren bauten jedoch ihr Eigentum immer wieder auf. Sein heutiges Aussehen bekam das Schloss 1880. Bereits 1389 soll Durbuy von den Luxemburger Grafen die Stadtrechte bekommen haben.

Zur politischen Gemeinde Durbuy gehört das wenige Kilometer entfernt auf der Anhöhe gelegene Dorf Wéris. Es ist nicht nur eines der hübschesten Ardennendörfer, sondern war einst Mittelpunkt einer sehr frühen Besiedlung in den Ardennen.

Vor etwa 4.000 Jahren haben bereits Menschen in der Umgebung von Durbuy gelebt, die in Form zahlreicher Megalithen und Steinsetzungen ihre Spuren hinterlassen haben. Diese Anlagen sind so eindrucksvoll, dass man von Wéris gern als dem belgischen Stonehenge spricht. Ein 8 Kilometer langer Wanderweg verbindet die einzelnen Steinsetzungen um das Dorf miteinander.

Eine kulinarische Geisterstadt – La Roche-en-Ardenne

Die Wälder stehen in Flammen. Nein, sie brennen nicht wirklich, auch wenn es so aussieht. Es ist die Farbenpracht des Herbstes, die das Land ringsum in allen Farbtönen von Rot, Gelb und Golden lodern lässt. Aus den vielen Tälern steigt das Farbenmeer herauf, gleitet über die runden, von dichtem Laubwald bedeckten Buckel, um die sich die Flussarme eng angeschmiegt herumziehen.

Tatsächlich ist es nur ein einziges Flusstal, auf das man hinabschaut – das Tal der Ourthe. Der Aussichtspunkt „Le Hérou“ beim

Geschichte auf jeden Tritt begleitet den Besucher in Wéris.

La Roche

kleinen Dorf Nadrin in den Ardennen bietet eine einzigartige Aussicht. Die Ourthe in der Tiefe bildet hier sechs Schlingen, die so eng zusammenkommen, dass der Eindruck von sechs Tälern entsteht.

Nur wenige Kilometer von diesem verwirrenden Bild entfernt umfängt den Ausflügler der geschäftige Betrieb eines viel besuchten Ausflugsortes der Ardennen – des kleinen Städtchens La Roche, meist La-Roche-en-Ardenne genannt. Feinschmecker schnalzen mit der Zunge, wenn der Name fällt, gilt doch die kleine Stadt an der Ourthe als eine der Hochburgen der Ardenner Schinkenzubereitung und der Wildmetzgereien. Beim Blick in die Auslagen der Metzgerläden, die auch am Sonntag geöffnet sind, mag einem das Wasser im Munde zusammenlaufen. Vor allem im Herbst gibt es hier Köstlichkeiten: Wildfleisch, Wildpasteten, Wildschweinwurst und Wildschweinschinken. Und natürlich den unübertroffenen Ardenner Schinken, für dessen Herstellung die kleine Stadt an der Ourthe überregional bekannt ist. La Roche mit seinen prunkvollen, an gepflegte Salons erinnernden Fleischerläden, wird oft als kleine Geisterstadt bezeichnet, was mit der Geschichte der Burg zu tun hat, deren mächtige Ruinen sich düster und fast drohend über dem Ort erheben. Eine betrogene Fürstin soll, so ist es überliefert, sich mit dem Teufel verbunden haben, wenn er ihr helfen würde, den ungetreuen Verlobten zurückzugewinnen. Walram von Montaigue hatte die

Verlobung mit der stolzen Alix platzen lassen und sich mit Erfolg um die schöne Berthe, die Tochter des Burgherren von La Roche, beworben. Doch der Teufel in Gestalt des schwarzen Ritters besiegte ihn. Nichts ahnend gingen Walram und Berthe am Hochzeitsabend ins Brautgemach, als der schwarze Ritter auftauchte, der Braut einen Dolch in den Rücken stieß und mit ihr aus dem Fenster in den Tod sprang. Seither soll der Geist der schönen Berthe, die unschuldig sterben musste, durch das Schloss gestern, was eindrucksvoll als Touristenspektakel inszeniert wird.

Das Schloss ist heute nur noch eine Ruine, wie es übrigens die ganze Stadt La Roche am Abend des Weihnachtstages 1944 war, als Bomben der Amerikaner die Stadt in Schutt und Asche legten.

Redu – Bücher aus dem Kuhstall

Einmal im Monat, von April bis Oktober, wenn die Rindviecher draußen auf der Weide sind, findet in dem kleinen Dorf Redu in den belgischen Ardennen ein Büchermarkt auf dem Bauernhof statt.

Die Besucher gehen durch einen großen, modernen Stall und stöbern in den Stapeln, die die einzelnen Händler aufgebaut haben.

Der eine bietet Krimis an, der andere belletristische Literatur oder Comics, ein dritter Schallplatten, alte Stiche oder Postkarten. Fein säuberlich nebeneinander stehen die voll gepackten Tische dort, wo sonst – die Spuren sind unübersehbar, und auch der Duft ist unverkennbar – die Kühe in langer Reihe angekettet stehen.

Redu - das Bücherdorf

Dieser Büchermarkt ist für das Dorf Redu nichts Besonderes, denn Redu gilt als das älteste Bücherdorf auf dem europäischen Festland. Nur in Wales gibt es ein Gegenstück, das gleichzeitig Vorbild war. Dort hatte bereits vor vielen Jahren der Bürgermeister des Dorfes Haye-on-Wye, dessen Bewohner durch den Niedergang von Landwirtschaft und Bergbau vor dem Ruin standen, die Idee, Buchhändler und Antiquare in das Dorf zu holen und ihnen für die Eröffnung ihrer Läden besonders günstige Bedingungen seitens der Gemeinde zu bieten.

Ende der 1970er-Jahre kam der belgische Journalist und Büchernarr Noël Anselot in das walisische Bücherdorf und war begeistert. Er verrannte sich in die Idee, ein Gegenstück zu Haye-on-Wye für französische Bücher in der Wallonie zu schaffen. Er suchte und fand das damals bereits weitgehend von der Bevölkerung verlassene Dörfchen Redu. Auch hier waren die Bewohner, die bis dahin ausschließlich von der Land- und Forstwirtschaft gelebt hatten, am Ende und mussten weitgehend die Heimat verlassen. Ställe, Scheunen, Lager und Werkstätten standen leer.

Noël Anselot fand im Bürgermeister der Gemeinde Libin, zu der Redu gehört, einen aufgeschlossenen Zuhörer und Gönner. 1984 wurde in dem bis dahin völlig unbekannten Redu eine erste große Bücherausstellung organisiert. Der Erfolg war so groß, dass in den nächsten Monaten zahlreiche Buchhändler, vor allem aus Brüssel, aber auch aus den Provinzstädten Namur, Arlon und Lüttich oder aus Luxemburg und dem französischen Sedan nach Redu kamen. Sie

Eine Buchbinderin bei der Arbeit in Redu

mieteten leer stehende Ställe und Scheunen und eröffneten Buchhandlungen. Bereits 1985 wurde Redu als Bücherdorf offiziell vorgestellt. Kamen im ersten Jahr rund 15.000 Besucher, die die Buchhandlungen in den ungewohnten Umgebungen sehen wollten, so kommen inzwischen mehr als 300.000 Bücherfreunde pro Jahr nach Redu. Längst hat sich herumgesprochen, dass man in den Ställen und Scheunen von Redu manche antiquarische Kostbarkeit finden kann, die in Brüssel oder Lüttich entweder nicht zu haben ist oder wesentlich teurer bezahlt werden muss.

Heute gibt es in dem kleinen Ardennendorf fast 30 Buchhandlungen und Antiquariate. In erster Linie sind es französischsprachige Titel, die hier feil geboten werden, zum Teil in Buchhandlungen, die sich auf den Verkauf von Restbeständen verlagsneuer Produktionen spezialisiert haben. Aber es gibt auch Läden mit nautischer Literatur und Karten, mit anthroposophischen Werken, mit Kochbüchern oder Kinderbüchern bzw. naturkundlicher Literatur.

Obwohl Redu vornehmlich ein Ziel belgischer, französischer oder luxemburgischer Bücherfreunde ist, kommen immer häufiger auch Niederländer und Deutsche, um vor allem in den Antiquariaten des Ortes zu stöbern. Vermehrt können sie dabei auch mit deutschsprachigen Titeln Erfolg haben, denn inzwischen haben auch deutsche Buchhändler die Chancen des Verkaufs im Kuhstall entdeckt und kommen zumindest am Wochenende nach Redu.

Neben Buchhandlungen und Antiquariaten gibt es inzwischen auch zahlreiche Galerien, Kunstgewerbeläden und Boutiquen am Ort.

An jedem Wochenende wird in einer handwerklichen Papiermühle Papier geschöpft und anschließend zum Trocknen auf die Leine gehängt. Die Besucher können sich ihre eigenen Drucksachen mit altmodischen Lettern auf handgeschöpftem Papier auf einer pedalbetriebenen Druckmaschine anfertigen lassen. In einer anderen Werkstatt arbeitet eine Buchbinderin, während gleich nebenan Gravuren in Bucheinbände geritzt und mit hauchdünnem Gold belegt werden.

DIE WÄLDERROUTE IM ÜBERBLICK

Die Wälderroute ist die einzige ausgeschilderte Touristenroute in der Provinz Luxemburg, doch ihre Initiatoren hatten wohl das Bedürfnis, sie solle möglichst die ganze Provinz erschließen. Da die Provinz Luxemburg sehr groß ist, kommt die Route auf die stattliche Länge von 191 Kilometern. Start und Ziel sind St-Hubert. Es geht dann nach Awenne, Masbourg, Hargimont, Marche-en-Famenne, Nassogne und Champlon und zum Schluss zurück über Amberloup (Ste. Ode) und Libramont-Chevigny. Im Gegensatz zu den anderen touristischen Routen in Belgien ist die Route des Forêts nicht überall sehr zuverlässig ausgeschildert.

Sehenswürdigkeiten entlang der Route:
St-Hubert: Die „Europahauptstadt der Jäger" wartet vor allem mit der Basilika und dem einstigen Abteikomplex auf. In der Basilika, deren geschnitztes Chorgestühl man sich unbedingt anschauen sollte, steht das mächtige Grabmal des Jägerheiligen Sankt Hubertus. Doch es ist ein so genannter Kenotaph, ein Scheingrab. Bis heute weiß niemand, wo die Gebeine des Heiligen, die vor der Französischen Revolution in Sicherheit gebracht werden sollten, geblieben sind.
Unbedingt zu besichtigen ist das Museum über das Leben des Heiligen Hubertus gegenüber der Kathedrale.
Im Abteigebäude (nur von außen zu besichtigen) befinden sich heute Dienststellen der Provinzialverwaltung.
An der N 89 zwischen St-Hubert und Barrière de Champlon liegt der Komplex der Converserie (Bekehrung). Die allgemein zugängliche Kapelle erinnert daran, dass der Jäger Hubertus hier die Erscheinung des weißen Hirsches gehabt haben soll.
Lecker: Ardenner Schinken und Wurstwaren aus Metzgereien in St-Hubert.
Infos: Maison du Tourisme de Saint-Hubert, Rue Saint-Gilles, 12 B–6870 Saint-Hubert, Tel.: 0032-61-613010, Fax: 0032-61-615444, www.saint-hubert-tourisme.be, E-Mail: info@saint-hubert-tourisme.be

Redu: Das ganze Dorf mit seinen Buchhandlungen und Werkstätten ist eine einzige Sehenswürdigkeit.
Lecker: Erzeugnisse jeder Art aus Himbeeren!
Infos: Maison du Tourisme du Pays de St-Hubert, Rue Saint-Gilles, 12 B–6870 Saint-Hubert, Tel.: 0032-61-613010
Fax: 0032-61-615444, www.saint-hubert-tourisme.be, E-Mail: info@saint-hubert-tourisme.be

Marche-en-Famenne: Die einst stark befestigte Stadt ist Mittelpunkt der Famenne genannten Hochfläche. Jahrhundertelang war Marche ein Zentrum der Spitzenklöppelei.
Sehenswert: Ensemble der Dreifaltigkeitskapelle aus dem 14. Jahrhundert, ein Grab von 1715, ein Kreuzweg und eine

kleine Kapelle von 1510. Angeblich soll der Kreuzweg als Odinsaltar gedient haben;
Museum der Spitzenklöppelei im einzig erhalten gebliebenen Befestigungsturm La Tournelle;
Kirche von Waha, 2 km vom Stadtzentrum entfernt, geweiht 1015, eine der ältesten romanischen Kirchen in den Ardennen.
Lecker: Speckeierkuchen (genannt Matufée), Marcher Makronen und Centaurée, ein Getränk aus Alkoholansatz der Kornblume und des Wacholders.
Infos: Syndicat d'Initiative Marche-en-Famenne, Rue des Brasseurs 7, B–6900 Marche-en-Famenne
Tel.: 0032-84-312135, 323109
www.tourist-office.marche.be, E-Mail: marche.en.famenne@begique.com

Durbuy: Sehenswert in der kleinsten Stadt der Welt sind: Stadtpfarrkirche von 1642 mit schöner Inneneinrichtung; alter Recollektinnenkonvent, immer noch sehenswert, obschon die ehemalige Klosteranlage nur noch zum Teil erhalten ist; Grafenschloss; Getreidemarkthalle, 83, rue Comte Théodul d'Ursel; Fachwerkhaus aus dem 16. Jahrhundert, als Spanisches Haus bezeichnet. Hier befindet sich das Fremdenverkehrsamt; Dorfplatz von Wéris mit großem Dolmen vor der Kirche und prähistorischem Museum; zahlreiche Megalithen in der Umgebung von Wéris.

Nähere Informationen: Syndicat d'Initiative, 25, Place aux Foires, B–6940 Durbuy,
Tel.: 0032-86-212428
Fax: 0032-86-213680
www.durbuy.be
E-Mail: tourisme@durbuy.be

La-Roche-en-Ardenne: Burgruine; Kunsthandwerkliches Animationszentrum La Grès de la Roche, Rue Romprè 28; Museum der Ardennenschlacht, Rue de la Gare; Eine Augenweide in La Roche sind die Metzgereien; Stausee von Nisramont; romanische Kapelle in Ollomont; Keltische Befestigungsanlage in Bérismenil; Römische Ausgrabungen in Nadrin; Aussichtspunkt Le Hérou bei Nadrin.
Lecker: Ardenner Schinken und Wildspezialitäten.

Infos: Syndicat d'Initiative La-Roche-en-Ardenne, Place Marché, 15
B–6980 La-Roche-en-Ardenne
Tel.: 0032-84-411342
Fax: 0032-84-412343, www.mid.be/infolr
E-Mail: infolr@skynet.be

Beho: Die Sehenswürdigkeit dieses Dorfes ist die Pfarrkirche St. Peter mit ihrem eigenwillig bunt gehaltenen hölzernen Inventar (siehe Seite 164 „Beim Barte des Apostels").
Infos: Syndicat d'Initiative Gouvy, rue de la Gare 31, B–6670 Gouvy
Tel./Fax: 0032-80-510180, www.gouvy.be
E-Mail: s.i.@gouvy.be

Nassogne: Eines der ältesten Dörfer der Ardennen im Übergang zur Famenne gelegen. Schöne Kirche aus dem 12. und 16. Jahrhundert.

Bastogne: Bastogne ist in erster Linie die Stadt der Ardennenschlacht. Daran erinnern an allen Zufahrtstraßen die Kuppeln von amerikanischen Panzern, die an den Kämpfen beteiligt waren, aber auch der Hügel von Mardasson am Stadtrand. Schon 1950 entstand hier das Denkmal für die US-Soldaten. In Form eines gewaltigen fünfzackigen Sterns trägt dieses Denkmal die Namen der US-Bundesstaaten und die Namen aller an den Kämpfen beteiligten amerikanischen Verbände. An den Innenwänden kann man die Darstellung des Schlachtverlaufs sehen, der sich bis in die Nordeifel um Monschau ausweitete.

Dem Denkmal gegenüber lädt das Bastogne Historical Center zu einem Besuch ein. In zwei gewaltigen Dioramen sind hier deutsche und amerikanische Truppen, Stellungen und Kampfgerät zu sehen. Die lebensgroßen Soldatenfiguren wurden originalgetreu nach Fotos modelliert, die von Kriegsberichterstattern gemacht wurden. Dieses Museum der Ardennenschlacht wird zwar als schönstes Kriegsmuseum der Welt bezeichnet, doch wird das Grauen des Krieges, besonders das der Ardennenschlacht, die Tod, Leid und Zerstörung mit sich brachte, weitgehend ausgeblendet. Das wahre Gesicht des Krieges zeigt dagegen die Multivisionsschau im Amphitheater. Sie wurde von den an der Schlacht beteiligten deutschen (von Manteuffel) und amerikanischen (McAuliffe, Eisenhower, Patton) Generälen konzipiert. Im Kino des Museums sind Kampfszenen aus deutschen und amerikanischen Filmen zu sehen, die während der Schlacht gedreht wurden.

Lecker: Ardenner Schinken von Bastogne.

Infos: Syndicat d'Initiative de Bastogne
Place Mac Auliffe
B–6600 Bastogne
Tel.: 0032-61-212711
Fax: 0032-61-212725
www.bastogne.tourisme.be
E-Mail: info@bastogne.tourisme.be

Amberloup: Am Eingang zur Pfarrkirche des Dorfes ist ein sehr alter Stein zu sehen, der die Inschrift „Curia Arduenn(ae)" trägt. Die Bedeutung ist umstritten. Für die einen stammt der Stein von einem römischen Verwaltungsgebäude, für die anderen stammt er von einem Heiligtum der Treverer, einem keltischen Stamm, der hier eine Siedlung gehabt haben soll. 1823 fand man unter dem Hauptaltar einen „Viergötterstein", der sich heute im Luxemburgischen Nationalmuseum befindet.

Paliseul: In dem kleinen Dorf zwischen St-Hubert und Bouillon ist das Maison Perot zu sehen, in dem Henriette-Louise Verlaine gewohnt hat, eine Tante des Dichters Paul Verlaine. Der Dichter hat als Kind und Jugendlicher hier mehrfach seine Ferien verbracht. Im Haus befindet sich eine Sammlung von Erinnerungen an Paul Verlaine.

Lecker: Krebse von Paliseul und Milchferkel.

TIPP

Gute Adressen am Wegesrand

DURBUY:
Hôtel Le Sanglier des Ardennes mit berühmtem Gourmetrestaurant (Maître Cusinier)
Rue Comte d'Ursel 14
B–6940 Durbuy
Tel.: 0032-86-213262
Fax: 0032-86-212465
www.sanglier-des-ardennes.be
E-Mail:
reservation@sanglier-des-ardennes

HOUFFALIZE:
Hôtel du Commerce
Rue du Pont 10
B–6660 Houffalize
Tel.: 0032-61-288015
Fax: 0032-61-288979
www.ducommerce.yucom.be
E-Mail: hotel.ducommerce@yucom.be

LA ROCHE:
Le Moulin de la Strument
Petite Strument 62
B–6980 La Roche
Tel.: 0032-84-411507
Fax: 0032-84-411080
www.logis.be
E-Mail: strument@skynet.be

LA ROCHE:
Hôtel-Restaurant Les Genêts
Corniche de Deister 2
B–6980 La Roche
Tel.: 0032-84-411877
Fax: 0032-84-11893
www.logis.be
E-Mail logis.be@skynet.be

MARCHE-EN-FAMENNE:
Hôtel Quartier Latin
(in einer ehemaligen Jesuitenkirche)
Rue des Brasseurs 2
B–6900 Marche-en-Famenne
Tel.: 0032-84-321713
Fax: 0032-84-321712
www.quartier-latin.be
E-Mail: contact@quartier-latin.be

JUPILLE-SUR-OURTHE:
Hôtellerie Relais de l'Ourthe (in einem alten Bauernhaus)
Rue du Moulin 3
B–6987 Jupille/Rendeux
Tel.: 0032-84-477688
Fax: 0032-84-477085
www.relais-outhe.be
E-Mail: relais@ping.be

ST-HUBERT:
Hôtel Le Cor de Chasse
Avenue Nestor Martin 3
B–6870 St-Hubert
Tel.: 0032-61-611644
Fax: 0032-61-613315
www.logis.be
E-Mail: logis.be@skynet.be

Weitere Informationen:
Fédération Touristique du Luxembourg belge
Quai de l'Ourthe 9
B-6980 La Roche-en-Ardenne
Tel.: 0032-84-411011
Fax: 0032-84-412439
www.ftlb.be
E-Mail: info@ftlb.be

Die Ourtal-Route

Idyllen im Dreiländereck

Einst war es der südlichste Zipfel des preußischen Regierungsbezirks Aachen, heute findet das Gebiet des deutschsprachigen Ostbelgiens hier seine südliche Grenze. Burg-Reuland mit seinen kleinen Dörfern ist jedoch eine Idylle geblieben.

Am Zusammenfluss von Our und Ulf, nur wenige Kilometer südlich von St. Vith, empfängt Burg-Reuland, überragt von der großartigen Ruine der gleichnamigen Burg, seine Gäste. Leicht kann man sich hier um Jahrhunderte zurückversetzt fühlen, denn ähnlich wie in dem kleinen Ort muss es im Mittelalter in vielen Burgflecken von Eifel und Ardennen ausgesehen haben: Am Fuße einer weithin und mächtig das Tal beherrschenden Burganlage ziehen sich alte Häuser entlang, steigen mit ihren kleinen Gärten oft auch den Hang zur Burg hinauf. Blumen leuchten hinter Holzzäunen oder von alten Trockenmauern herab.

Nur eine Ruine blieb von der stolzen Burg übrig, deren Turm sich als Wahrzeichen über Burg-Reuland erhält.

Die Burg Reuland war früher eine der größten und schönsten Burganlagen der ganzen Ardennen, auch wenn heute nur noch ein vergleichsweise bescheidener Rest von ihr erhalten ist. Vor Jahrhunderten reichte diese Burg bis ins Tal, das heißt bis ins Dorf hinunter. Bereits 882 wurde sie durch die Normannen, 961 durch die Ungarn zerstört. Der 20 Meter hohe Bergfried ist der älteste heute noch existierende Teil, er stammt aus dem 10. Jahrhundert. Die Burgmauern stehen auf römischen Fundamenten.

Der bekannteste der seit dem 12. Jahrhundert erwähnten Herren von Reuland war Dietrich von Reuland, der mit Friedrich Barbarossa ins Heilige Land zog und in Akkon als Löwe von Reuland begraben wurde.

1759 wurde die Burg von den Franzosen unter Ludwig XV. erobert und zerstört, seit 1920 gehört sie dem belgischen Staat, seit

Idyllisch: das Ourtal

1989 wird sie durch die Deutschsprachige Gemeinschaft Stück für Stück wieder aufgebaut. Gelegentlich finden in den neu erstandenen Teilen Ausstellungen, im weiten Burghof auch Feste statt.

Durch die Fensteröffnungen und von den Wehrmauern hat man einen faszinierenden Blick auf das Dorf, auf die Pfarrkirche, auf das gegenüber liegende Weveler mit der schönsten Dorfkirche Ostbelgiens und auf das Tal der Ulf.

Zum Gemeindegebiet von Burg-Reuland gehört auch der kleine Grenzort Ouren mit seinem einst selbstständigen Ortsteil Peterskirchen, wo eine der eindrucksvollsten und schönsten gotischen Dorfkirchen Belgiens steht. Auf dem Hügel, der Dorf und Fluss überragt, sind noch kümmerliche Überreste der einstigen Burg Ouren zu erkennen. Die Häuser des Ortes schmiegen sich entlang der Our, die zwischen diesen Gebäuden Richtung Dreiländereck von Belgien, Luxemburg und Deutschland fließt.

Kein anderer Ort im Dreiländereck wäre passender für ein Denkmal gewesen, das an die Verträge von Rom erinnert. Der luxemburgische Abgeordnete Georg Wagner hat den Bau dieser Anlage 1977 veranlasst.

BETHLEHEM IST ÜBERALL

In der Stadt herrscht ein buntes Treiben. Händler und Passanten drängen sich vor den gewaltigen Mauern des Marcellus-Theaters, des ersten in der römischen Architektur. Verkaufsstände biegen sich unter der Ware, Karren, hoch beladen mit Obst und Gemüse sind herangebracht worden. Hübsche junge Frauen versuchen die Blicke auf sich zu lenken. Doch die Aufmerksamkeit richtet sich wie von selbst auf eine kleine Grotte in den antiken Ruinen. Zu Füßen der Säulen eines Apollotempels ist das Wunder der Weihnacht geschehen.

Die so genannte Marcelluskrippe aus Rom ist ein Prunkstück der ständigen internationalen Ausstellung von Weihnachtskrippen (Krippana), die in dem winzigen ostbelgischen Dorf Hergersberg-Losheim unmittelbar an der deutschen Grenze stattfindet. Die Eisenbahner des römischen Bahnhofes Roma Termini haben diese rund 50 Quadratmeter große Anlage 1991 nach Vorlagen des Bildhauers Pinelli (18. Jahrhundert) gebaut. In der Weihnachtszeit 1991/92 wurde sie in der Galerie des römischen Großstadtbahnhofs aufgestellt.

Seit vielen Jahren gehört diese Eisenbahnerkrippe aus Rom zu den ständigen Exponaten der Krippana, eine der größten ständigen Ausstellungen von Weihnachtskrippen, Kirchenkrippen und Privatkrippen in Europa. Das Dörfchen Hergersberg liegt so nahe an der deutsch-belgischen Grenze in der rauen Landschaft der Schnee-Eifel, dass die Ausstellung eine deutsche wie eine belgische Postanschrift hat und auch an das deutsche wie an das belgische Telefonnetz angeschlossen ist. Ein eigenes Ausstellungsgebäude, dem Oktogon des Aachener Doms nachempfunden, bietet auf einer Fläche von mehr als 2.500 Quadratmetern Platz für große und kleine, aufwändige und schlichte Darstellungen der Geburt Christi. Zehn Monate dauert jeweils die Ausstellungsperiode, die alljährlich mit dem Fest Dreikönige zu Ende geht. Zwei Monate brauchen die Veranstalter zum Abbauen der Krippen und zum Aufbau neu eingetroffener Anlagen, die der Krippana jedes Jahr von Kirchen, von Sammlern oder Krippenkünstlern aus der ganzen Welt angeboten werden. „Wir müssen auswählen, weil wir nicht alle Angebote annehmen können", bedauern die Veranstalter jedes Jahr aufs Neue. Doch da viele Krippen aus Kirchen, vor allem aus Europa, in der Krippana zu sehen sind, die Pfarren jedoch zur Weihnachtszeit nicht auf die lieb gewordenen Darstellungen des Geschehens von Bethlehem zur Weihnachtszeit in ihren Kirchen verzichten wollen, gibt es auch in den Wochen vor Weihnachten Ab- und Umbauarbeiten und werden kurzfristig noch Exponate ausgetauscht.

Mitunter sind in Hergersberg ausgesprochen kostbare Stücke zu sehen. Das galt zum Beispiel für die Privatkrippe des Palästi-

In der Krippana von Hergersberg-Losheim

nenserpräsidenten Arafat, die ein Handwerker aus Bethlehem in jahrelanger Arbeit ganz aus Perlmutt gearbeitet hatten. Sie war vor einigen Jahren ein Publikumsmagnet der Krippana. Gerade in der politischen Situation dieser Zeit findet eine kleine Krippe besondere Aufmerksamkeit. Sie zeigt die Geburt Jesu so, wie sie im Koran beschrieben wird.

Durchschnittlich sind in Hergersberg Weihnachtskrippen aus mehr als 25 Ländern aus vier Kontinenten zu sehen. Wenn der geographische Schwerpunkt dabei auf Mittel- und Südamerika liegt, fallen die extrem bunt bemalten Figuren peruanischer Krippen auf, ebenso wie die Bootskrippen der bolivianischen Indios vom Titicacasee. Das Geschehen um die Geburt Christi ist in kleinen Booten dargestellt, so wie sie heute noch auf diesem See benutzt werden. Seit Jahren gehört eine große Einbaumkrippe aus dem afrikanischen Tansania zu den Dauerleihgaben in der Krippana.

Bestehen manche Krippen, wie diese Einbaumkrippen oder eine Schnitzarbeit, die 1942 im Kessel von Stalingrad entstand, nur aus einem Stück, nehmen andere Darstellungen der Geburt Christi weite Flächen ein. Neben der Marcelluskrippe ist es vor allem eine mechanische Landschaftskrippe aus Ligurien, die eine Fläche von fast 100 Quadratmetern bedeckt. Sobald Betrachter eine Münze in den Automaten werfen, kommt Leben in die Anlage: Ein Bach treibt eine Mühle an, Hausfrauen und Handwerker bewegen sich bei ihrer Tätigkeit, die Wäsche auf der Leine beginnt zu flattern und die Hirten auf dem Feld heben die Hand über

Weihnachtskrippen aus mehr als 25 Ländern aus vier Kontinenten sind in der Krippana zu bewundern.

die Augen, um besser sehen zu können. Ebenfalls aus Ligurien stammt eine „Italienische Krippe am Brunnen“. Die italienische Künstlerin Delia Zucchi hat sie 1989 eigens für die Krippana geschaffen. Sie ist eine naturgetreue und maßstabgerechte Nachbildung des über 1.000 Jahre alten Ortes Castelvecchio in Ligurien. Auch die provenzalische „Krippe der vier Jahreszeiten“ wurde 1992 eigens für die Dauerausstellung in Hergersberg geschaffen. Von der Sumpflandschaft der Camargue bis hin zu den Alpen zeigt sie die vier wichtigsten Landschaften der Provence.

Wie Italien ist auch Spanien mit eindrucksvollen und durch ihre perspektivische Genauigkeit bestechenden Krippen in dem kleinen belgischen Dorf vertreten. Neben der Geburt Christi ist auch das biblische Rahmengeschehen Thema der Arbeiten. Natürlich sind auch Werke der berühmten Krippenschnitzer aus dem Südtiroler Grödnertal in der Krippana vertreten, ebenso wie folkloristisch gearbeitete Krippen aus Oberbayern oder Österreich. Auch gibt es eine „lebende Krippe“ mit echtem Ochs und Esel und blökenden Schafen.

Krippen aus Jade kommen aus China, aus Rosenholz geschnitzte Figurengruppen von den Philippinen. Über Missionare sind Darstellungen der Geburt Christi aus verschiedenen afrikanischen Ländern in die belgische Eifel gekommen.

Während vor allem die Tiroler Krippenbauer und -schnitzer des 19. Jahrhunderts als Ergebnis von Pilgerreisen, bei denen sie das Heilige Land kennen lernten, orientalische Krippen bauten, verlegen zeitgenössische Krippenkünstler das Geschehen von Bethlehem nicht nur fast ausnahmslos in ihre jeweils heimischen Gefilde, sondern vor allem in das Alltagsleben ihrer Umgebung. Bethlehem ist eben überall. Der Stall von Bethlehem besteht deshalb mal aus einem Bauernhaus in der Schnee-Eifel oder einem strohgedeckten Hof im flämischen Kempenland, einem Chalet am Brienzer See in der Schweiz, einem Schuppen in einer ägyptischen Oase oder einfach nur aus dem Schatten einer Palme im afrikanischen Sahel. Gerade bei modernen Krippenschöpfungen sind sozialkritische Aspekte unverkennbar. Wohlgenährte Bürger tafeln am überladenen Gasthaustisch, während der Gastwirt ärmlich gekleidete Personen abweist, weil „in der Herberge kein Platz mehr ist“. Hier kommt Christus im Freien vor einem Schlagbaum zur Welt, der Maria und Joseph den Weg in ein Asylland versperrt, dort wird die kleine Krippe von einem Berg von Weihnachtsgeschenken regelrecht erdrückt.

Mögen im Lukasevangelium die Hirten, die von ihren Herden auf dem Feld nach Bethlehem eilen, stellvertretend für die in der damaligen Gesellschaft am Rande Lebenden stehen, so treten an ihre Stelle bei zeitgenössischen Krippen immer mehr die am sozialen Rand Stehenden auf: Obdachlose und Arbeitslose, Bettler, verlassene Frauen, chronisch Kranke. Und den Wissenschaftlern, die an die Stelle der Weisen aus dem Morgenland getreten sind, steht nicht mehr Herodes gegenüber, der seine Macht gefährdet sieht, sondern Waffenhändler, Diktatoren oder korrupte Politiker.

Wie schon bei den großen Krippendarstellungen der Barockzeit auch die Darstellung des Bösen (etwa des Bethlehemer Kindermordes) zur Krippendarstellung gehörte, werden in der Krippana bei einer modernen Kölner Krippe Hitler und Stalin (als Verkörperung des Bösen) bewusst Mutter Theresa und Adolf Kolping (als Inkarnation des Guten) gegenübergestellt.

Manche der ausgestellten Krippen sind von hochdekorierten Künstlern aus aller Welt geschaffen worden, aber auch von Schülern in Arbeitsgemeinschaften, von Ordensleuten, von Hobbybastlern und solchen Menschen, die sich in Lehrgängen der Krippana in die Kunst des Krippenbaus haben einführen lassen. Diese Lehrgänge werden von einem ausgewiesenen Krippenbaumeister geleitet, der sein Diplom bei der Innsbrucker Krippenbauschule erworben hat. Ein österreichischer Meister führt dabei in die Kunst der Hintergrundmalerei ein.

i *Krippana*
Prümer Straße 53 / Hergersberg 4
D - 53940 Losheim (Hergersberg)
Tel. (D) 0049-65 57 866
Tel. (B) 0032-80-54 87 29
www.krippana.de
info@ardennen-center.com

DIE OURTAL-ROUTE IM ÜBERBLICK

Die 95 Kilometer lange Rundstrecke erschließt von St. Vith aus vor allem das östlichste Tal der Ardennen, das Tal der Our.

Sehenswürdigkeiten entlang der Route:
St. Vith: Amerikanische Bomber haben 1944 die Stadt fast vollkommen zerstört.

Außer dem mächtigen Büchelturm, der ein Teil der Stadtbefestigung von 1350 ist, gibt es keine alten Bauwerke mehr in der Stadt.

Bis 1920 war St. Vith Kreisstadt des preußischen Landkreises St. Vith im Regierungsbezirk Aachen, heute ist es neben Eupen das zweite Zentrum des deutschsprachigen Ostbelgiens.

Sehenswert ist die mehr als 1000 Jahre alte Kapelle von Wiesenbach, eine kleine Saalkirche aus dem 9. Jahrhundert, die über Jahrhunderte hinweg immer Mittelpunkt einer Einsiedelei war. Sie liegt 2 Kilometer von St. Vith entfernt.

Infos: Verkehrsamt St. Vith
Mühlenbachstraße 2
B–4780 St. Vith
Tel.: 0032-80-221137
Fax: 0032-80-221622

Wallerode: Sehenswert (nur von außen zu besichtigen) ist das Schloss aus dem 17. Jahrhundert.

Eibertingen: 2 Kilometer abseits der Route überrascht nahe Amel die alte Kapelle von Eibertingen mit einem bemerkenswerten Barockaltar.

Büllingen: Der aus einem karolingischen Königshof hervorgegangene Ort hat mit seiner St.-Eligius-Kirche aus dem 12. Jahrhundert ein besonderes Kleinod.

Losheimergraben-Hergersberg: Exakt auf der deutsch-belgischen Grenze erwartet die Krippana, die weltweit größte ständige Ausstellung von Kirchenkrippen, ihre Besucher.

Seit einigen Jahren kann man hier im Rahmen der „Eura Technica“ die größte digital gesteuerte Modelleisenbahnanlage Europas bestaunen.

Infos: Krippana
B–4760 Hergersberg/ Büllingen
Tel.: 0032-80-548729
oder Prümer Straße 55
D–53940 Losheim/Eifel
Tel.: 0049-6557-866
Fax: 0049-6557-607

Krewinkel: 3 Kilometer von Manderfeld entfernt ist im östlichsten Dorf Belgiens die unter Denkmalschutz stehende St.-Elias-Kapelle sehenswert.

Sie wurde im Stil der gotischen Architektur des 15. Jahrhunderts errichtet.

Burg-Reuland: Teilweise wiederaufgebaute Ruine der größten Burganlage Ostbelgiens mit ständig wechselnden Ausstellungen. Schöne alte Häuser im Ortszentrum.

Weweler: Die weithin auf der Anhöhe über dem Ourtal gelegene St. Hubertuskirche aus dem 13. bis 15. Jahrhundert gilt als schönste Dorfkirche Ostbelgiens. Der Schlüssel zur Kirchentür ist im Haus erhältlich, das dem Friedhofstor gegenüberliegt.

Ouren: Im Dreiländereck Belgien-Deutschland–Luxemburg liegt das malerische Dorf mit seiner frühgotischen St. Peterskirche aus dem 11. bis 13. Jahrhundert. Europa-Denkmal von 1977.

TIPP

GUTE ADRESSEN AM WEGESRAND

ST. VITH: Hotel zur Post (mit Restaurant, dessen Küchenchef zu den Maîtres Cuisiniers gehört)
Hauptstraße 39
B–4780 St. Vith
Tel.: 0032-80-228027
Fax: 0032-80-229310
www.hotel-zur-post.be
E-Mail: zurpost@swing.be

BURG-REULAND: Hotel Rittersprung
Dorf (Ouren) 19
B–4790 Burg-Reuland
Tel.: 0032-80-329135
Fax: 0032-80-329361
www.hotels-ardennes.com

BURG-REULAND:
Weweler Mühle, Café-Restaurant,
Weweler
B–4790 Burg- Reuland
Tel.: 0032-80329075
Urige Einkehr mit ausgezeichnetem Speiseangebot.

Weitere Informationen: Verkehrsamt der Ostkantone (VAO)
Mühlenbachstraße 2
B–4780 St. Vith
Tel.: 0032-80-227664
Fax: 0032-80-226539
www.eastbelgium.com
E-Mail: info@eastbelgium.com

Ortsregister

Highlights

Die 12 besten Tipps für die Ardennen

Das Hohe Venn (Venn- und Seenroute, ab Seite 25)

Mit einem UNESCO-Diplom ausgezeichnet ist die Hochmoorlandschaft um Botrange, dem höchsten Punkt der Ardennen, zweifellos eine der interessantesten und meistbesuchten Regionen dieser Gegend.

Infos: Naturzentrum Haus Ternell
(B) 4700 Eupen
Tel.: 003287/552 313
Fax: 003287/558 160
www.naturzentrumternell-crieeupen.be
E-Mail: haus-ternell@pi.be

Das Tal der Semois (Route des Unterschlupfes, ab Seite 111)

Das Tal der Semois zwischen Bouillon und Monthermé gilt vielen als schönstes Flusstal der Ardennen. Eingebettet in tiefe Wälder, nur hier und da von kleinen Dörfern aufgelockert, lädt es zum genussvollen Wasserwandern in der Stille ein.

Infos: Maison du Tourisme de l'Ardenne namuroise
Rue Albert Raty 83
(B) 5550 Vresse-sur-Semois
Tel.: 003261/292 827
Fax: 003261/292 832
www.ardenne-namuroise.be
E-Mail: tourisme.vresse@belgacom.net

Luxemburgische Schweiz (Ginsterroute, ab Seite 157)

Mit ihren bizarr geformten Sandsteinfelsen, den engen dunklen Schluchten, so genannten Schlöffen und dem bilderbuchhaften Wasserfall Schießentümpel im Müllerthal hat die Luxemburgische Schweiz kein Gegenstück in den Ardennen.

Infos: Entente des S.I.et du Tourisme de la Petite Suisse lux. et de la Basse Sure
9-10, Parvis de la Basilique
L-6486 Echternach
Tel.: 00352/720 457
Fax: 00352/727524
E-Mail: info@mullerthal.lu

KAJAKFAHRTEN AUF DER LESSE
(ROUTE DES UNTERSCHLUPES, AB SEITE 111)

Unter den vielen Möglichkeiten sportlicher Aktivitäten in den Ardennen sind Fahrten von Houyet nach Anseremme mit dem Kajak vielleicht die beliebtesten und kommen der Natur am nächsten.

Infos: B-5500 Anseremme-Dinant
Rue du Vélodrome 15
Tel.: 003282/213 535
Fax: 003282/223 344
www.ansiaux.be
E-Mail: reservations@ansiaux.be

GROTTEN VON HAN-SUR-LESSE
(ROUTE DER UNGEWÖHNLICHEN LANDSCHAFTEN, AB SEITE 105)

Die Grotten von Han-sur-Lesse, den zweitgrößten Tropfsteinhöhlen Europas, sind mit ihrer faszinierenden Welt unterirdischer Säle, Gänge und Klüfte voll glitzernder Stalagmiten und Stalaktiten eine der größten Sehenswürdigkeiten der Ardennen.

Infos: Grottes de Han-sur-Lesse
(B) 5580 Han-sur-Lesse
Tel.: 003284/377 212
Fax: 003284/377712
www.grotte-de-han.be
E-Mail: grotte-de-han@grotte-de-han.be

PLACE DUCALE IN CHARLEVILLE-MÉZIÈRES
(ROUTE RIMBAUD-VERLAINE, AB SEITE 127)

Als in den Ardennen einzigartiges architektonisches Ensemble wird die an die berühmte Place des Vosges in Paris erinnernde Place Ducale in Charleville mit ihren Arkadenpavillons erachtet. Eine herausragende Sehenswürdigkeit!

Infos: Office de Tourisme Charleville-Mézières et sa Région
4, Place Ducale (BP 229)
(F) 08102 Charleville-Mézières
Tel.: 0033 3/245 569 90
Fax: 0033 3/245 569 89

Festung Sedan (Die grüne Route Ardennen-Eifel, ab Seite 141)

Als größte und uneinnehmbarste Festung Europas wird die mehr als 1.000 Jahre alte Festung Sedan an der Maas gerühmt.

Infos: Office du Tourisme du Pays Sedanais
Place du Château Fort (BP 322)
(F) 08200 Sedan
Tel.: 0033 3/242 773 73
Fax: 0033 3/242 903 28
www.sedan-bouillon.org
E-Mail: ot.sedan@wanadoo.fr

Basilika in Echternach (Ginsterroute, ab Seite 157)

Die über dem Grab des heiligen Willibrordus erbaute Basilika der einstigen Benediktinerabtei Echternach ist in der Kunstgeschichte berühmt geworden wegen des nur hier praktizierten Wechsels von Säulen und Pfeilern, dem so genannten Echternacher Stützenwechsel.

Infos: Entente des S.I. et du Tourisme de la Petite Suisse lux. et de la Basse Sure
9-10, Parvis de la Basilique
(L) 6486 Echternach
Tel.: 00352/720 457
Fax: 00352/727 524
E-Mail: info@mullerthal.lu

Taufbecken des Renier von Huy in Lüttich (Quellenroute, ab Seite 47)

Kunsthistoriker haben das im 12. Jahrhundert geschaffene und heute in der Bartholomäuskirche in Lüttich stehende bronzene Taufbecken des Renier von Huy schon als eines der sieben Wunder Belgiens bezeichnet.

Infos: Office du Tourisme de Liège
En Féronstrée 92
(B) 4000 Lüttich/Liège
Tel.: 00324/221 92 21
Fax: 00324/221 92 22
www.liege.be
E-Mail: office.tourisme@liege.be

Hubertusfest in St. Hubert (Wälderroute, ab Seite 171)

Kein anderes Fest gehört so unverwechselbar zu den Ardennen wie das große Fest zu Ehren des Jägerheiligen Hubertus am 3. November.
Infos: Maison du Tourisme de Saint-Hubert
Rue Saint-Gilles 12
(B) 6870 Saint-Hubert
Tel.: 003261/613 010
Fax: 003261/54 44
www.saint-hubert-tourisme.be
E-Mail: info@saint-hubert-tourisme.be

Hotel Le Prieuré de Conques (Grüne Route Ardennen-Eifel, Seite 155)

Es gibt vielleicht noch luxuriösere Hotels in den Ardennen, aber mit Sicherheit kein Haus der gehobenen Klasse, das so inmitten der Wald- und Flussidylle liegt, wie das alte Priorat in der Nähe von Florenville an der Semois.
Infos: Le Prieuré de Conques
2, rue de Conques
(B) 6820 Florenville
Tel.: 0032 61/411 417
Fax: 0032 61/412 703
www.conques.be
E-Mail: info@conques.be

Restaurant „Hôtel des Bains" (Venn- und Seenroute, Seite 46)

José Solheid, die Chefin des am See von Robertville gelegenen Hauses gehört zu den exklusiven „Maitres Cuisiniers" Belgiens. Und so wird hier „Haute Cuisine" vom Feinsten zelebriert und genossen.
Infos: Hôtel des Bains
(B) 4950 Robertville
Tel.: 0032 87/679 571
Fax: 0032 87/678 143
E-Mail: hotel.bains@online.be

Fotonachweis

Alle Fotos Christoph Wendt
ausser
Cito: S. 5, 18, 19, 20, 38, 59, 61
FTPL: S. 6, 75
Pierre-Alexandre Masotte: S. 9, 191, 192
FTPN S:. 17, 85, 94
FTPL, Yves Gabriel: Cover (Schloß Jehay/Kajak), S. 29, 49, 65, 70, 80, 79
Verkehrsamt der Ostkantone: S. 32, 189
G. Eisenschink: S. 54
FTPL, Province de Liège: S. 56
OPT: Cover (Gärten von Annevoie), S. 84, 105, 106, 144
Lefèvre O.: S. 122

Bisher sind in der „Unterwegs...“-Reihe folgende Titel beim GEV erschienen:

Ulrike Schwieren-Höger
UNTERWEGS IN DER NÖRDLICHEN EIFEL
(Mit Sonderteil Ausflüge u.a. Köln-Bonner-Bucht) 2. Auflage: Juni 2003!
„Ein rundum gelungener Reiseführer.“ (General-Anzeiger)
„Mehr als gute Ausflugs-Tipps.“ (Kölnische Rundschau)
„Das Fazit nach der ersten Lektüre: 216 starke Seiten über die Eifel.“ (Aachener Nachrichten)
216 Seiten, Paperback, illustriert (Farbfotos), 21 x 14 cm, 17 Euro. ISBN 90-5433-121-6.

Ulrike Schwieren-Höger
UNTERWEGS IN DER SÜDLICHEN EIFEL
(Mit Sonderteil Ausflüge Koblenz-Mosel)
„Eine Entdeckungsreise der besonderen Art.“ (Die Bücherei)
208 Seiten, Paperback, illustriert (Farbfotos), 21 x 14 cm, 17 Euro. ISBN 90-5433-122-4.

Ulrike Schwieren-Höger
UNTERWEGS ZWISCHEN MAAS UND RHEIN
„Das 208 Seiten umfassende Werk ist mehr als ein Reiseführer." (Kölnische Rundschau)
„Ein Streifzug durch die Vielfalt der Region." (Dürener Zeitung)
„Viele Einblicke ins Miniatur-Europa." (Aachener Zeitung)
208 Seiten, illustriert, Paperback, 21 x 14 cm, 17 Euro. ISBN 90-5433-091-0.

Franz-Josef Heinen
UNTERWEGS IM KULINARISCHEN OSTEN BELGIENS
Restaurants zum Verführen
Begleiten Sie Franz-Josef Heinen auf seinen touristischen und kulinarischen Streifzügen durch den Osten Belgiens und entdecken Sie 22 Restaurants zum Verführen.
192 Seiten, illustriert, Paperback, mit Anfahrtsskizze und Serviceteil, 21 x 14 cm, 17 Euro.
ISBN 90-5433-175-5.

Bruni Mahlberg-Gräper & Jürgen Gräper
UNTERWEGS IN BELGIEN
Der Reiseführer führt in die Geschichte des Landes ein und erklärt seine heutige politische Struktur. Features und Interviews machen Appetit auf belgische Lebensart.
Und natürlich kommt auch die kulinarische Seite Belgiens nicht zu kurz.
Ca. 208 Seiten, 100 Farbfotos, mit Übersichtskarte, Paperback, 21 x 14 cm, 17 Euro.
ISBN 90-5433-171-2.

Bruni Mahlberg-Gräper
UNTERWEGS IN OSTBELGIEN & UMGEBUNG
„Der Band erweist sich als wahrer Allmanach der Region. Auf über 200 Seiten schildert die Autorin einfach alles über den Raum Eupen/St. Vith/Malmedy.“ (Kölnische Rundschau)
„Das Urlaubsland Ostbelgien hat jetzt auch seinen eigenen Reiseführer (..) Auf über 200 Seiten stellt die Journalistin Bruni Mahlberg-Gräper alle nennenswerten Sehenswürdigkeiten vor, die der deutschsprachige Landesteil Belgiens und dessen nähere Umgebung zu bieten hat.“ (Deutsche Presse-Agentur DPA)
208 Seiten, 100 Farbfotos, mit Übersichtskarte, Paperback, 21 x 14 cm, 17 Euro.
ISBN 90-5433-147-X.

Bruni Mahlberg-Gräper
UNTERWEGS IN AACHEN UND UMGEBUNG
„So ist man denn mit dem Grenz-Echo-Guide bestens gerüstet für einen vergnüglichen und informativen Trip nach Aachen und in die nähere Umgebung." (Aachener Nachrichten)
„Erlebnisreiseführer der besonderen Art.“ (Wirtschaftliche Nachrichten)
200 Seiten, illustriert, Paperback, 21 x 14 cm, 17 Euro. ISBN 90-5433-123-2.

Günter Metz
UNTERWEGS IM HOHEN VENN
Wandern und Erkunden (Mit Sonderteil Gedenkkreuze im Venn)
„Selbst für Leute, die glauben, das Venn bestens zu kennen, hält es sicherlich noch manche Neuigkeit bereit. Viele Tipps und Empfehlungen runden das Buch ab. Dieses Buch gehört sicher zur Standardausrüstung aller Wanderer, die im Venn unterwegs sind. (Aachener Zeitung)
128 Seiten, Paperback, illustriert, 21 x 14 cm, mit 12 Routen und 12 (Service)Karten in Farbe. Sonderteil Kreuze im Venn, 12,40 Euro. ISBN 90-5433-162-3

Irmgard Faber-Asselborn
UNTERWEGS IN SÜD-LIMBURG
„Der Reiseführer Unterwegs in Süd-Limburg gerät der Autorin zur Liebeserklärung an die niederländische Provinz. Mit ihrem ersten Buch hat Irmgard Faber ein prallvolles Kompendium über einen pittoresken Landstrich vorgelegt.“ (Aachener Nachrichten)
212 Seiten, Paperback, illustriert, mit zahlreichen Karten und Plänen, 21 x 14 cm, 17 Euro
ISBN 90-5433-126-7.

Christoph Becker & Karin Besel
UNTERWEGS IN EIFEL & ARDENNEN
„Ein Reiseführer der besonderen Art". (Aachener Nachrichten)
„Dieses Buch gehört in den Rucksack aller Besucher, die im Land ohne Grenzen unterwegs sind. Die gründliche Recherche wurde hervorragend aufgearbeitet."(Aachener Zeitung)
240 Seiten, Paperback, mit 17 Karten in Farbe, illustriert, 17 Euro. ISBN 90-5433-060-0.

Christian Meyer
UNTERWEGS IN STOLBERG UND UMGEBUNG
Die schönsten Fahrradtouren
„... zu einem sehr gelungenen Radtourenbuch gereicht.“ (Super Sonntag)
„Einzigartiges Radtouren-Buch im Handel.“ (Stolberger Zeitung)
96 Seiten, illustriert (Farbfotos), Paperback, 18 x 11,5 cm, 9,90 Euro. ISBN 90-5433-144-5.

AUßER REIHE:
Manfred Vigener
SCHNEEBERG UND ZYKLOPENSTEINE
Eine Reise durch den Aachener-Raum und die Eifel
Ein geologischer Reiseführer
Aachen und die Eifel zeichnen sich durch eine bemerkenswerte Vielfalt an Gesteinen und Erdschichten aus nahezu allen Erdzeitaltern aus. Von dem aus Aachen stammenden Geologen und Umweltwissenschaftler Dr. Manfred Vigener wird nun ein Geoführer vorgelegt, in dem zum ersten Mal die Geologie und die erdgeschichtlichen Denkmäler unserer Region für den Laien verständlich dargestellt sind.
Achtzehn leicht auffindbare Punkte stellen die Gesteine der Umgebung vor.
144 Seiten, 14 x 21 cm, 6 Farbtafeln, eine doppelseitige Karte mit der Lage der beschriebenen Aufschlüsse, sowie zahlreiche S/W-Fotos, Paperback, 14,95 Euro. ISBN 90-5433-167-4.

Verschiedene Autoren

BURGEN UND FESTUNGEN IN DER EUREGIO MAAS-RHEIN

Eine touristische Entdeckungsreise

Dieses Buch lädt Sie zu einer spannenden Zeitreise ein. Während dieser Reise lernen Sie die Welt des kleinen Landadels, der mächtigen Herren, der selbstbewussten befestigten Städte und der entstehenden Nationen kennen. Die Spuren, die die Geschichte in den Landschaften, in den Städten und Dörfern der Euregio Maas-Rhein hinterlassen hat, berichten von bitteren Kämpfen um Macht und Territorien.

12 Auto- und 6 Radrouten durch die Euregio Maas-Rhein sind in diesem Buch beschrieben. Im Mittelpunkt stehen die Wehrbauten der Region, wobei die Spannbreite vom einfachen Mottehügel des 10. Jahrhunderts bis zur komplizierten Festung des 20. Jahrhunderts reicht. Die Routen führen auch zu den vier „Besucherzentren" der Region, der Wasserburg Millen, der Burg Franchimont, der „Helpoort" in Maastricht und der Burg Nideggen. Alle vier Zentren, einstmals bedeutende Wehranlagen, berichten auf ganz individuelle Art und Weise über die Geschichte der Region und den Alltag ihrer einstigen Bewohner.

"Zu einer spannenden Zeitreise durch die abwechslungsreiche Kulturregion zwischen Maas und Rhein lädt ein neuer Routenführer ein (..) Burgenliebhaber, kleine und große Abenteurer und Genießer der kulturhistorisch reichen Region um Aachen, Limburg und Lüttich können sich mit dem Burgen-Führer auf eine touristische Entdeckungsreise begeben, die auch für Kenner der Region noch Überraschungen bereit hält". (Aachener Nachrichten)
„Reich bebildert und mit übersichtlichem Kartenmaterial versehen ist dieses Buch eine Fundgrube für alle, die auf eigene Faust die unbekannteren und spannenden Seiten des Landes an Rhein und Maas entdecken möchten." (Belgien-Magazin)
272 Seiten, Paperback, 22 x 14 cm, Farbfotos, mit umfangreichem Kartenmaterial in Farbe,
9,90 Euro.
Lieferbar in Deutsch und Französisch!
ISBN 90-5433-159-3

Auf Anfrage senden wir Ihnen gerne unser aktuelles Verlagsprogramm zu!
Anruf oder Nachricht genügt:

GEV (Grenz-Echo Verlag)
Guido Bertemes
Tel. 087/59 13 03 – Fax. 087/74 38 20
Intern. 003287/...
www.gev.be
guido.bertemes@grenzecho.be